Faîçal Baklouti

Recombinaison et Traitement des Signaux issus des Systèmes O-MIMO

Faîçal Baklouti

Recombinaison et Traitement des Signaux issus des Systèmes O-MIMO

La technique MGDM

Presses Académiques Francophones

Impressum / Mentions légales
Bibliografische Information der Deutschen Nationalbibliothek: Die Deutsche Nationalbibliothek verzeichnet diese Publikation in der Deutschen Nationalbibliografie; detaillierte bibliografische Daten sind im Internet über http://dnb.d-nb.de abrufbar.
Alle in diesem Buch genannten Marken und Produktnamen unterliegen warenzeichen-, marken- oder patentrechtlichem Schutz bzw. sind Warenzeichen oder eingetragene Warenzeichen der jeweiligen Inhaber. Die Wiedergabe von Marken, Produktnamen, Gebrauchsnamen, Handelsnamen, Warenbezeichnungen u.s.w. in diesem Werk berechtigt auch ohne besondere Kennzeichnung nicht zu der Annahme, dass solche Namen im Sinne der Warenzeichen- und Markenschutzgesetzgebung als frei zu betrachten wären und daher von jedermann benutzt werden dürften.

Information bibliographique publiée par la Deutsche Nationalbibliothek: La Deutsche Nationalbibliothek inscrit cette publication à la Deutsche Nationalbibliografie; des données bibliographiques détaillées sont disponibles sur internet à l'adresse http://dnb.d-nb.de.
Toutes marques et noms de produits mentionnés dans ce livre demeurent sous la protection des marques, des marques déposées et des brevets, et sont des marques ou des marques déposées de leurs détenteurs respectifs. L'utilisation des marques, noms de produits, noms communs, noms commerciaux, descriptions de produits, etc, même sans qu'ils soient mentionnés de façon particulière dans ce livre ne signifie en aucune façon que ces noms peuvent être utilisés sans restriction à l'égard de la législation pour la protection des marques et des marques déposées et pourraient donc être utilisés par quiconque.

Coverbild / Photo de couverture: www.ingimage.com

Verlag / Editeur:
Presses Académiques Francophones
ist ein Imprint der / est une marque déposée de
OmniScriptum GmbH & Co. KG
Heinrich-Böcking-Str. 6-8, 66121 Saarbrücken, Deutschland / Allemagne
Email: info@presses-academiques.com

Herstellung: siehe letzte Seite /
Impression: voir la dernière page
ISBN: 978-3-8381-7721-2

Titre :

RECOMBINAISON ET TRAITEMENT DES SIGNAUX ISSUS DES SYSTÈMES MIMO-OPTIQUES

Résumé :

Grâce à sa bande passante énorme, la fibre multimode est actuellement le meilleur support de transmission multi-services dans les réseaux LAN et les réseaux d'entreprises à haut débit. Cette bande passante de la fibre MMF est limité principalement par les différents temps de propagation de chaque mode. La technologie MIMO Optique et précisément la technique de multiplexage par diversité du groupe de modes (MGDM) a été alors proposé afin d'améliorer la bande passante de transmission des liens MMF en créant des canaux de communication parallèles au cours de cette même fibre. Dans ce travail, nous avons établi par une étude théorique un modèle analytique de la fibre MMF pour la technique MGDM. Nous avons étudié les meilleures conditions d'émission et de réception pour améliorer la qualité et la capacité du système. Nous avons diminué la complexité des systèmes O-MIMO par la diagonalisation de la matrice de transfert. Des techniques de précodage ont été ajouté à notre système afin d'accroitre ses performances en terme de robustesse, débits et qualité de service. Les effets mécaniques qui perturbent la propagation et dégradent la performance de transmission par MMF tel que le bruit et l'effet de courbure ont été aussi étudié et l'influence de la longueur de la fibre, du débit binaire, du nombre d'utilisateur ainsi que le choix du canal de propagation a été analysé. De plus, dans le but d'assurer la transmission de tous les services mixtes (en bande de base et radio), nous avons proposé un modèle de multiplexage basé sur MGDM, avec une orthogonalité entre les services radio et les autres services. Tous les résultats obtenus ont été validés par des simulations MATLAB.

Mots clés :

MGDM, MMF, O-MIMO, RoF.

Title :

RECOMBINATION AND PROCESSING OF SIGNALS DERIVED FROM OPTICAL MIMO SYSTEMS

Abstract :

With its huge bandwidth, multimode fiber is currently the best multi-service transmission medium in LANs and broadband business networks. This bandwidth of the MMF fiber is limited mainly by the various propagation times of each mode. The Optical MIMO technology and precisely the Mode Group Diversity Multiplexing (MGDM) technique was then be proposed to improve the transmission bandwidth of MMF links by creating parallel communications channels in the same fiber. In this work, we have developed by a theoretical study an analytical model of the MMF for the MGDM technique. We studied the best conditions for transmission and reception to improve the quality and the capacity of the system. We have also reduced the complexity of O-MIMO systems by transfer matrix diagonalization. Precoding techniques have been added to our system in order to increase its performance in terms of robustness, rates and quality of service. Mechanical effects that disrupt the spread and degrade the performance of MMF transmission such as noise and curvature effect have been studied and the influence of fiber length, bit rate, number of users and the choice of the propagation channel is analyzed. In addition, in order to ensure the delivery of all mixed services (baseband and radio), we proposed a model based on MGDM multiplexing with an orthogonality between radio services and other services. All results were validated by MATLAB simulations.

Keywords:

MGDM, MMF, O-MIMO, RoF.

Table des matières

Table des figures

Liste des tableaux

Introduction Générale

Aujourd'hui, un besoin dans la transmission des données est ressenti particulièrement par l'Internet et les applications multimédia (image, son et vidéo). L'utilisation de la fibre optique comme support de transmission est bénéfique dans la mesure où elle nous permet de profiter de l'énorme bande passante offerte et d'assurer une bonne qualité de service QoS (Quality of Service) qui devient de plus en plus exigible. Dans la littérature, plusieurs types de fibres optiques sont employés dans les systèmes de communication optique, à savoir, les fibres monomodes SMF (Single Mode Fiber), les fibres multimodes MMF (MultiMode Fiber) et les fibres micro-structurées. Cependant, les fibres optiques multimodes sont les plus adaptées dans le cadre des réseaux de stockage SAN (Storage Area Network) et les réseaux locaux LAN (Local Area Network). La fibre multimode est aussi plus facile à utiliser grâce à sa large dimension qui impose une souplesse dans le câblage et la connexion. Avec sa bande passante énorme, elle semble un meilleur candidat capable d'offrir un système multiservices à hauts débits dans les réseaux d'entreprises et "in-door". De plus, un réseau MMF peut constituer l'épine dorsale du réseau qui alimente les services fixe-filaire ainsi que les services sans fil dans l'ensemble du bâtiment par une technique de multiplexage. Une telle technique doit optimiser le rapport efficacité/coût.

D'autre part, le développement des techniques MIMO (Multiple Input Multiple Output), utilisant plusieurs antennes à l'émission qu'à la réception dans le domaine radio, a déclenché des recherches similaires dans la transmission sur MMF. Plusieurs techniques ont été proposées jusqu'ici, le multiplexage par diversité des groupes de mode ou MGDM (Mode Group Diversity Multiplexing) étant l'un d'eux. Cette technique crée des canaux de communication parallèles et indépendants, transparente pour le format de transmission, en utilisant des groupes de modes de propagation. La bande passante d'un MMF se limite principalement à cause du retard de propagation de chaque mode, mais elle peut être renforcée par une excitation sélective des

1

différents groupes de modes qui peuvent être déployé comme des canaux de communications indépendants. Tel est l'objectif de la technique de multiplexage par diversité du groupe de modes (MGDM).

Dans ce travail, notre attention se focalise sur la technologie O-MIMO (Optical MIMO), basée sur la technique de multiplexage MGDM. Cette technique exploite au maximum la bande passante de la fibre par une excitation focalisée et augmente la capacité de la fibre au moyen d'injections et de réceptions spatiales de lumière. On va s'intéresser plus particulièrement à la fibre multimode à gradient d'indice GI-MMF (Graded Index MultiMode Fiber) qui est considéré comme une option intéressante pour les futurs réseaux internes.

Ce manuscrit est décomposé en quatre chapitres.

Dans le premier chapitre nous présentons la motivation d'utiliser la fibre multimode comme support de transmission dans les réseaux LAN. Les propriétés physiques du MMF sont modélisées analytiquement. Les phénomènes non-linéaires ont été négligés. Nous discutons ensuite les techniques de multiplexage applicables dans les réseaux LAN. Nous rappelons ainsi les méthodes de multiplexage temporel (OTDMA) et le multiplexage en longueurs d'ondes (WDM), ainsi que la technique par répartition de codes optiques (OCDMA). Une description de la technique MIMO est présentée dans la dernière section de ce chapitre comportant son implémentation dans le domaine radio et dans le domaine optique.

Dans le deuxième chapitre, nous présentons le principe de fonctionnement de la technique MGDM dans son modèle classique. Nous étudions analytiquement la transmission par cette technique de multiplexage en se basant sur la résolution des équations de propagation d'ondes dans la fibre. Nous proposons aussi un algorithme de calcul de la matrice du transfert et de la capacité du canal MGDM. Puis, nous présentons les meilleures conditions d'émission et de réception. Dans la suite, nous proposons un diagramme d'optimisation de ces conditions. Nous étudions aussi l'amélioration qu'on peut faire sur l'architecture du modèle MGDM standard pour assurer la stabilité du système et la simplicité des composants qui le compose.

Les méthodes d'égalisation au niveau des récepteurs ainsi que les systèmes de précodage utilisés dans le domaine radio sont présentées. Le système MGDM sera modélisé comme un système diagonal équivalent à plusieurs systèmes uni-utilisateurs parallèles. En fin, nous étudions l'influence des effets qui perturbent et dégradent la performance de transmission de notre système tel que le bruit et l'effet de courbure.

Dans le troisième chapitre, nous étudions le cas d'un système MGDM (3×3) qui présente un intérêt majeur dans les réseaux locaux optiques. Nous cherchons pour ce type de lien les conditions optimales d'injection et de réception ainsi que sa matrice de transfert. Nous comparons la capacité du MMF avec une telle configuration avec d'autres systèmes et d'autres conditions d'injection et de réception. Ensuite nous proposons un modèle pour ce type de système MGDM. Nous présentons les résultats des améliorations dans l'architecture étudiés dans le chapitre 2. Nous analysons aussi les caractéristiques des différents précodeurs dédiés pour ce type de multiplexage. Enfin, nous présentons l'effet de la courbure sur ce système ainsi que l'influence d'autres paramètres tel que le nombre d'utilisateurs, le choix du canal et le débit utilisé.

Dans le quatrième chapitre, nous introduisons notre modèle analytique O-MIMO, pour concevoir un système qui assure la transmission des tous les services (radio et autres). Nous présentons l'intérêt de la transmission RoF (Radio over Fiber) et son domaine d'application. Nous étudierons aussi les techniques de multiplexage utilisé pour transmettre le signal radio et la possibilité d'adapter la technique MGDM pour ce genre de transmission. Dans la suite, nous présentons un modèle qui crée une orthogonalité entre les services radio et les autres services. Ce modèle est basé sur la sélection de l'émetteur optimal, afin de l'associer au service radio avec une puissance d'émission appropriée et une longueur d'onde déterminée. Nous étudions à la fin de ce chapitre, la performance de ce modèle par la simulation d'une chaîne de transmission MGDM (3×3) qui utilise un signal radio sur le canal fondamental et deux signaux en bande de base sur les deux canaux d'extrémité.

Enfin nous terminons ce travail par une conclusion générale qui va résumer tous les résultats obtenus ainsi que les perspectives envisagées.

Chapitre 1

Les réseaux LAN à fibre multimode ou MMF

1 Introduction

Depuis quelques années, tous les réseaux de communication ont vite été pris d'assaut par des millions d'utilisateurs qui réclament sans cesse une plus grande rapidité d'accès et de transmission [1]. À ce jour, le déploiement des télécommunications par fibres optiques est un fait bien établi. Cependant, la demande sans cesse croissante en termes de bande passante, de débit et de performance requiert une part active de recherche et de développement afin de répondre aux besoins du marché. Avec sa bande passante énorme, la fibre MMF semble le meilleur support de transmission capable d'offrir un système multiservices à hauts débits dans les réseaux locaux LAN par une technique de multiplexage qui doit optimiser le rapport efficacité/coût [2]. Dans ce chapitre, nous allons présenter l'intérêt du choix de la fibre multimode comme support de transmission. Les caractéristiques physiques de la MMF sont aussi analysées. Ensuite, nous allons étudier les normes et les standards de communication ainsi que les différentes techniques d'accès multiple utilisés dans le domaine optique. Enfin, nous allons présenter la technique MIMO dans le domaine radio puis son application dans le domaine optique.

2 La fibre optique multimode ou MMF

Une fibre optique est un guide d'ondes cylindrique constituée de deux diélectriques de même axe, le coeur et la gaine, entourés d'une gaine de protection. Les ondes lumineuses se propagent dans la fibre par réflexion successive à l'interface cœurgaine. L'étude de la propagation dans la fibre a conduit à sa classification en deux catégories. On distingue les fibres monomodes, dans lesquels un seul mode de propagation est possible, et les fibres multimodes où plusieurs modes peuvent coexister.

2.1 Motivation pour l'utilisation de la fibre multimode

De nos jours, les protocoles de voix sur Internet et la vidéo à la demande sont offerts aux consommateurs, sur un seul réseau de données, en évitant la nécessité pour l'application d'utiliser des réseaux spécifiques, tels que la télévision par câble ou par téléphone. Ces solutions de communication exigent une qualité de service élevée ce qui amène à l'augmentation de la capacité du réseau. Tandis que la technologie existe pour fournir ces services, son déploiement est limité par la largeur de bande restreinte dans les derniers kilomètres du réseau. En conséquence, une grande partie des liens par fibre ultra-haute capacité issus du contrôleur de centre urbain est fortement sous-utilisée [3]. Il s'agit donc d'un maillon faible des réseaux, lié à la bande passante offerte au consommateur. À la mi-2000, les derniers kilomètres des réseaux clientèle offraient des débits de données de 1 Mb/s et de 100 kb/s. Bien que cela soit suffisant pour la transmission de certains médias en full-duplex, la vidéo et le flux de voix exigent des débits beaucoup plus élevés. Le tableau 1.1 montre le débit binaire nécessaire pour chaque format vidéo.

Format	Débit binaire (Mb/s)
NTSC	143.18
PAL	177
SMPTE 258M	270
CCIR656	270
EU95 (HDTV)	1440
SMPTE 292M (HDTV)	1485

TABLEAU 1.1 – Les exigences de la vidéo numérisée –

D'autre part, les services multimédia absorbent facilement toute la capacité de débit de données actuelle des infrastructures résidentielles et des réseaux d'accès. Le débit de données peut dépasser 100Mb/s et atteindre le 1Gb/s. Tout aussi importants que les besoins de réseaux résidentiels sont ceux des réseaux locaux (LAN) et réseaux de stockage (SAN). Dans les réseaux LAN, les commutateurs de groupe de travail se connectent avec des interfaces de 100Mb/s et 1Gb/s. De même, les liens de service de et vers les serveurs nécessitent des interfaces 10Gb/s. Ces systèmes nécessitent l'installation d'un réseau haute vitesse sur un large éventail de distances (100-1000 m) et un déploiement dans de gros volumes avec peu de main-d'œuvre spécialisée. A de tels débits, les câbles coaxiaux en cuivre standards présentent des pertes extrêmement élevées, de l'ordre de 15-20 dB par 100 mètres. Pour cela, une recrudescence d'intérêt pour les réseaux MMF a été observée, en raison de leur tolérance d'alignement moins restrictive pour l'injection de la lumière et de leur facilité d'usage. En plus de la tolérance d'alignement, le développement récent de lasers à cavité verticale émettant en surface VCSEL (Vertical Cavity Surface Emitting Laser) a facilité l'utilisation de la fibre MMF dans les réseaux LAN [4]. En effet, la synergie d'un faible coût de fabrication et d'un haut rendement du produit VCSEL et de la facilité d'utilisation du MMF jouera un rôle important dans l'élimination des goulets d'étranglement de communication qui existent entre l'infrastructure des réseaux optiques à hautes-vitesses et les consommateurs locaux. La fibre MMF fournit une grande bande passante pour les services à haut débits d'où l'intérêt de son utilisation.

2.2 Les différents types de fibres MMF

Les fibres multimodes peuvent être classées en deux grandes familles : les fibres à saut d'indice et les fibres à gradient d'indice. La propagation de la lumière dans une fibre à saut d'indice, dont l'indice du cœur est constant, se fait selon les lois de l'optique géométrique et une dispersion modale importante apparaît selon que la lumière se propage selon l'axe ou suivant un angle θ par rapport à cet axe. Ce type de fibre présente en général des caractéristiques de transmission assez médiocres et, pour cette raison, il est essentiellement utilisé dans les systèmes de faible capacité.

D'autre part, dans un milieu d'indice constant, le temps de propagation de la lumière selon l'axe est évidemment le plus court. Pour limiter l'écart entre cette durée minimale et le temps de propagation lorsque la trajectoire est une courbe, il faut que l'indice du milieu décroisse du centre vers la périphérie. Cela est effectivement réalisé dans les fibres à gradient d'indice ou l'indice diminue du centre vers les bords suivant une fonction déterminée par les lois de propagation. Les fibres de type gradient d'indice vu cette caractéristique sont déjà beaucoup plus performantes que les fibres à saut d'indice.

La fibre multimode peut également être caractérisée par sa capacité de transmission. Dans les normes industrielles ISO-11801, les fibres multimodes sont divisées en trois types : OM-1, OM-2 et OM-3. La fibre OM-1 est une fibre multimode de catégorie commerciale FDDI (Fibre Distributed Data Interface) avec un diamètre de cœur de 62.5μm ; on la connaît également comme fibre multimode d'héritage. La fibre OM-2 est la fibre multimode conventionnelle 50/125μm. Elle a une meilleure performance qu'OM-1. Avec l'augmentation des exigences en matière de débit de données dans les réseaux locaux LAN, les sources lumineuses LED ne peuvent pas être modulées à la vitesse requise. Ainsi, une source laser a été introduite et, en conséquence, un nouveau type de fibre multimode, OM-3, est apparu. Le diamètre du cœur de la fibre OM-3 est toujours de 50μm, mais elle est conçue pour fonctionner avec la source laser VCSEL à 850nm. OM-3 est aussi appelé fibre multimode optimisée pour le laser.

Plus récemment, avec l'amélioration des procédés de fabrication, de nouveaux types de fibres multimodes ont été produits : OM-2+ et OM-3+. Bien que ces fibres donnent des meilleures performances, un remplacement à grande échelle n'a pas été engagé, principalement en raison de la question des coûts. Les fibres OM-1 et OM-2 sont toujours nettement dominantes, de sorte que soutenir l'installation de fibres

8

multimodes OM-1 et OM-2 est toujours le principal sujet à l'heure actuelle. Les spécifications de la bande passante de chaque type de fibre multimodes sont présentées dans le tableau 1.2 [5].

Type de la fibre	Longueur d'onde (λ)	Bande passante (MBits/s.km)
OM-1	850nm	200
	1300nm	500
OM-2	850nm	500
OM-2+	850nm	700
OM-3	850nm	1500
OM-3+	850nm	3500

TABLEAU 1.2 – La capacité de différentes fibres multimodes –

2.3 Installation des fibres multimodes

L'installation des fibres multimodes nous donne une grande idée sur le choix des types fibres utilisés. La figure 1.1 montre les statistiques d'installation des différentes fibres dans les bâtiments du monde entier [6]. On peut remarquer par cette figure que la fibre OM-1 est clairement dominante. On constate également une grande présence de la fibre OM-2. La fibre OM-3 est au tout début d'une expérience de déploiement. Dans la figure 1.2, on montre la répartition des fibres installées dans les bâtiments pour des longueurs allant jusqu'à 200m dans ces dernières années. On remarque aussi la prédominance de la fibre multimode OM-1 pour les longueurs allant jusqu'à 200m. En ce qui concerne les bâtiments européens, ils sont pré-équipés avec des fibres multimodes en silice sur des distances de 300m. La MMF présente aussi le meilleur choix d'installation dans ces dernières années dans les réseaux locaux d'où l'intérêt de son utilisation.

9

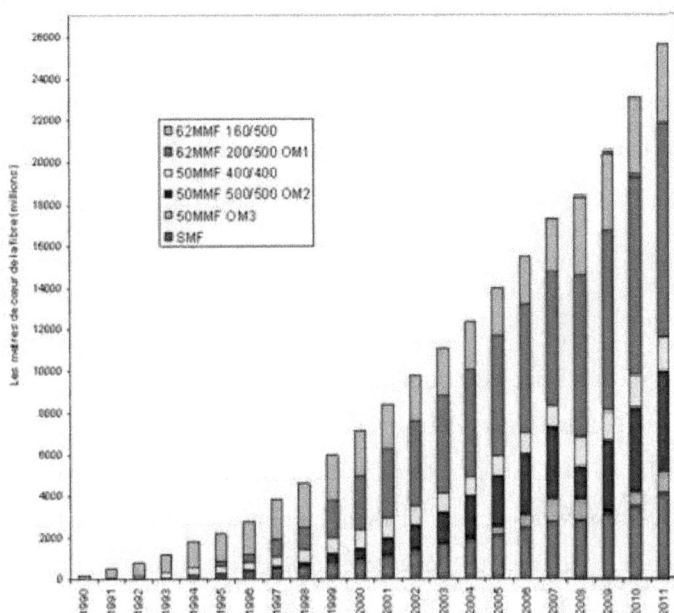

FIGURE 1.1 – Les fibres installées dans les bâtiments dans le monde –

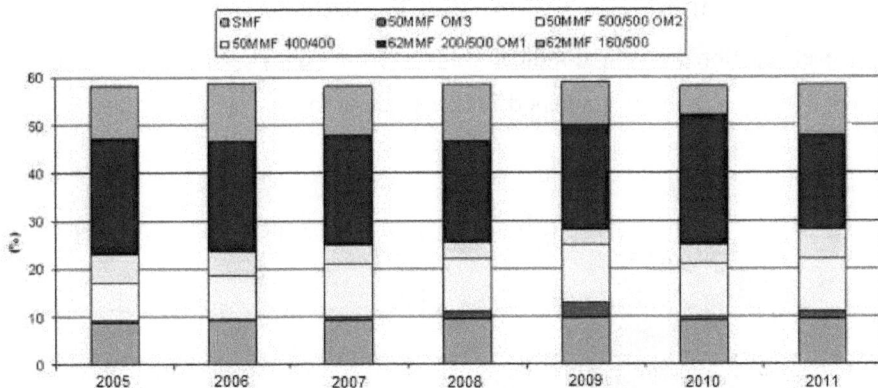

**FIGURE 1.2 – La répartition des fibres installées dans les bâtiments
pour des longueurs allant jusqu'à 200m –**

2.4 Propriétés physiques de la fibre multimode

Une Fibre optique est multimode lorsque la fréquence normalisée V définit par l'équation suivante est supérieur à la valeur 2,405 (V>2,405):

$$V = \frac{2\pi}{\lambda}.a.\sqrt{n_1^2 - n_2^2} \qquad (1.1)$$

où λ est la longueur d'onde de la lumière émise par le laser, a est le rayon du cœur de la MMF, n_1 représente l'indice de réfraction du cœur de la fibre et n_2 est l'indice de réfraction de la gaine. Dans une fibre multimode, les différents rayons empruntent des trajectoires différentes. Leurs chemins optiques et leurs temps de propagation sont différents. Il en résulte donc une dispersion. L'union Internationale des Télécommunications a instauré des normes internationales pour la fibre optique multimode déployée dans les réseaux d'accès optiques. Les recommandations G.651.1 portent sur les propriétés géométriques et optiques de la fibre multimode et sur les tolérances admissibles. Comme nous l'avons dit dans les paragraphes précédents, la MMF peut être classé en deux grandes familles; les fibres à gradient d'indice et les fibres à saut d'indice. On s'intéresse dans cette étude à la fibre à gradient d'indice. La loi de gradient d'indice est de la forme [7]:

$$n(r,\lambda) = \begin{cases} n_1(\lambda)\sqrt{1 - 2\Delta(\lambda)\left(\frac{r}{a}\right)^\alpha}, & 0 \leq r \leq a \\ n_1(\lambda)\sqrt{1 - 2\Delta(\lambda)}, & a \leq r \leq b \end{cases} \qquad (1.2)$$

où $\Delta(\lambda)$ est la différence relative d'indice entre le cœur et la gaine définit par: $\Delta(\lambda) = [n_1^2(\lambda) - n^2(a,\lambda)]/[2n_1^2(\lambda)]$, r est la distance du centre du cœur de la fibre, b est le rayon extérieur de la gaine et α est le paramètre du profil de la MMF.

11

Si α → ∞, la fibre multimode sera à saut d'indice, si α = 2, le profil est parabolique et lorsque α = 1, le profil est linéaire.

Les principales caractéristiques des fibres optiques sont la dispersion du matériau, la dispersion du guide, la dispersion intermodale et l'atténuation modale. Nous allons étudier alors ses différentes caractéristiques.

2.5 La dispersion du matériau

Lorsqu'une onde se propage dans un milieu dispersif, les diverses composantes fréquentielles de l'onde se propagent à des vitesses différentes, créant un étalement temporel de l'onde à l'arrivée [8]. Ce phénomène est appelé la dispersion du matériau. Ainsi, toutes les longueurs d'onde émise par la source avec une largeur spectrale $\Delta\lambda$ ne se propagent pas dans la fibre avec la même vitesse de groupe V_g mais avec un retard de propagation. Ce retard de groupe τ_g est donnée par:

$$\tau_g = \frac{L}{V_g} = -L\left[\frac{\partial\beta}{\partial\omega}\right]_{\omega 0} = -L\frac{\lambda^2}{2\pi c}\left[\frac{\partial\beta}{\partial\lambda}\right]_{\lambda 0} \qquad (1.3)$$

avec L est la distance parcourue par l'impulsion émise et β ($\beta = 2\pi\frac{n_1}{\lambda}$) l'indice de réfraction lié à chaque mode. Le temps de propagation après une distance de propagation L est donné par :

$$\Delta\tau = \frac{\partial\tau_g}{\partial\lambda}\Delta\lambda = -\frac{\lambda}{c}\frac{\partial^2 n_1}{\partial\lambda^2}L\Delta\lambda = D_m L\Delta\lambda \qquad (1.4)$$

où D_m est la dispersion matérielle. L'indice de réfraction est décrit avec l'équation suivante de Sellmeier [9] :

$$n_1{}^2 = \sum_i^M \frac{A_i \lambda^2}{\lambda^2 - \dfrac{c}{f_i}} = \sum_i^M \frac{A_i \lambda^2}{\lambda^2 - \lambda_i} \tag{1.5}$$

Les paramètres A_i et λ_i représentent respectivement l'amplitude et la longueur d'ondes aux fréquences de résonance f_i du matériau.

2.6 La dispersion du guide

La dispersion du guide est due au fait qu'un mode guidé n'a pas les mêmes caractéristiques pour 2 longueurs d'ondes différentes (variation de β en fonction de λ). Pour les fibres multimodes ce phénomène est négligeable, au contraire il joue un rôle important pour les fibres monomodes.

2.7 La dispersion intermodale

La dispersion intermodale se traduit par le fait que tous les modes ne suivent pas le même trajet dans la fibre, donc qu'ils n'ont pas la même vitesse de groupe, introduisant ainsi un élargissement des impulsions transmises [10]. Ce phénomène est très important dans la fibre multimode. La MMF supporte un nombre fini de modes qui sont les solutions particulières des équations de Maxwell. Chaque mode se propage à sa propre vitesse résultant notamment de sa constante de propagation. La constante de propagation modale est donnée par :

$$\beta = 2\pi \frac{n_1}{\lambda} \sqrt{1 - \Delta \left[\frac{m}{M} \right]^{\frac{2\alpha}{\alpha+2}}} \tag{1.6}$$

Où m est le nombre du mode principal et M est le nombre total des groupes de modes. Le nombre du mode principal (ou le nombre de groupe de mode) est défini

13

comme étant m = 2µ + v +1, dans lequel les paramètres µ et v sont appelés respectivement le nombre de mode radiale et azimutale. Physiquement, µ et v permettent de compter le nombre d'intensité maximale qui peut apparaître dans la direction radiale et azimutale dans les intensités de champ d'un mode donné. Le nombre total de groupes de modes qui peuvent être guidés dans la MMF est donnée par :

$$ M = 2\pi . a \frac{n_1}{\lambda} \sqrt{\frac{\alpha . \Delta}{\alpha + 2}} \qquad (1.7) $$

Le temps de groupe d'un mode donné dépond de l'ordre du mode. Ainsi, les équations (1.3) et (1.6) permettent d'écrire :

$$ \tau_g = \frac{LN_1}{c} \left[1 - \frac{\Delta(4+\varepsilon)}{\alpha+2} \frac{m^{\frac{2\alpha}{\alpha+2}}}{M} \right] . \left[1 - 2\Delta \frac{m^{\frac{2\alpha}{\alpha+2}}}{M} \right]^{-\frac{1}{2}} \qquad (1.8) $$

avec $N_1 = n_1 - \dfrac{\partial n_1}{\partial \lambda}$ est l'indice du groupe du matériau et $\varepsilon = -\dfrac{2\lambda n_1}{N_1 \Delta} \dfrac{\partial \Delta}{\partial \lambda}$ est la dispersion du profil. Or,

$$ \frac{\partial n_1}{\partial \lambda} = -2\lambda \sum_i^M \left[\frac{A_i \lambda_i^2}{\left(\lambda^2 - \lambda_i^2 \right)^2} \right] \qquad (1.9) $$

Avec,

$$ \frac{\partial \Delta}{\partial \lambda} = \frac{1}{2n_1^2} \left[\frac{\partial n_1}{\partial \lambda} \left[1 + (1-2\Delta)^{1/2} \right] - 2n_1 \right] \left[1 - \frac{1}{2n_1 (1-2\Delta)^{1/2}} \right]^{-1} \qquad (1.10) $$

14

Ainsi,

$$N_1 = n_1 + 2\lambda \sum_{i}^{M} \left[\frac{A_i \lambda_i^2}{\left(\lambda^2 - \lambda_i^2 \right)^2} \right] \tag{1.11}$$

D'où,

$$\varepsilon = -\frac{2\lambda n_1}{N_1 \Delta} \left(\frac{1}{2n_1^2} \left[\frac{\partial n_1}{\partial \lambda} \left[1 + (1 - 2\Delta)^{1/2} \right] - 2n_1 \right] \left[1 - \frac{1}{2n_1 (1 - 2\Delta)^{1/2}} \right]^{-1} \right) \tag{1.12}$$

Pour une fibre multimode à gradient d'indice (GI-MMF) à profil parabolique ($\alpha = 2$) qui est d'un grand intérêt dans la pratique, on a :

$$\tau_g = \frac{LN_1}{c} \left[1 - \frac{(4 + \varepsilon)}{4} \frac{\sqrt{2\Delta}}{akn_1} m \right] \cdot \left[1 - \frac{\sqrt{2\Delta}}{akn_1} 2m \right]^{-\frac{1}{2}} \tag{1.13}$$

Dans la fibre multimode, la dispersion intermodale est le phénomène qui prédomine généralement.

2.8 L'atténuation modale

L'atténuation modale est due à la diffusion Rayleigh, l'absorption et aux pertes à travers les réflexions au niveau de l'interface coeur-gaine [11]. Elle est donnée par la relation suivante :

$$\gamma(x, \lambda) = \gamma_0(\lambda) \left(1 + \frac{\eta . I_\rho}{M} [m - 1] \right) \tag{1.14}$$

15

Avec $\gamma_0(\lambda)$ est l'atténuation des modes d'ordre inférieur, I_ρ défini comme étant la fonction de Bessel modifiée d'ordre ρ et η est la constante de poids. Dans les calculs, on s'intéressera aux fibres GI-MMF et on prendra $\rho = 9$ et $\eta = 7.35$.

2.9 Modélisation de la réponse impulsionnelle de la MMF

Beaucoup de travaux ont été effectués sur la modélisation de la fibre multimode, en utilisant sa réponse impulsionnelle. Le modèle proposé ici, considère la fibre multimode comme un canal multi-trajet pour lequel la distribution de puissance des différents modes principaux suit une loi de Rayleigh.

La réponse impulsionnelle de la modélisation est représentée par un filtre de bande de base dont l'expression analytique est donnée par [12]:

$$h(z,t) = \sum_{m=0}^{M} \omega_m e^{-j\beta_m z} e^{-\gamma_m z} \delta\left(t - \tau_g z\right) \qquad (1.15)$$

où z est la longueur de la fibre et ω_m représente la distribution de la puissance du mode MPD (Mode Power Distribution). Ces coefficients ω_m sont déterminés par les conditions d'injection de la lumière à la face d'entrée de la fibre.

3 Les normes de transmission

Les normes de transmission sont développées pour atteindre un nouveau niveau de performance. La ratification de la norme 10 Gigabits Ethernet (10GbE) et de la norme 10Gb/s Fiber Channel (ANSI) est une étape clé dans la mise en œuvre de la technologie 10 Gb/s par fibre optique. Le 10GbE est conçu pour faciliter la communication dans toutes ses phases depuis le réseau local vers le réseau métropolitaine MAN et même vers le réseau étendu WAN. Les liens MMF sont actuellement installés et spécifiés pour des distances jusqu'à 65 mètres. L'augmentation des largeurs de bande de la MMF soutiendra des débits de données de 10Gb/s sur des distances jusqu'à 300 mètres, ce qui couvre la grande majorité des distances dans un réseau LAN ou SAN.

Un autre facteur prévu pour amener les largeurs de bande du niveau réseau d'entreprise au niveau de 10Gb/s est l'adoption rapide, sur carte mère, des émetteurs et des récepteurs GbE dans des ordinateurs personnels. Les ordinateurs de bureau sont déjà livrés avec des ports 10/100/1000 Base T. Comme les utilisateurs ont commencé à tirer parti de ces débits de données, le besoin de connexions hautes vitesses à l'intérieur du réseau deviendra manifeste.

4 Les techniques d'accès multiple

L'accès multiple est une manière efficace de partager les ressources de communication en temps et en bande passante pour augmenter la capacité d'un réseau de communication en nombre d'utilisateurs. Cette technique de partage doit être mise en œuvre sans créer d'interférences nuisibles aux performances des systèmes. Les recherches menées depuis de nombreuses années permettent de distinguer plusieurs systèmes d'accès multiple.

4.1 La Technique d'Accès Multiple par Répartition Temporelle

Étant la première méthode utilisée en communication optique, l'accès multiple par répartition dans le temps ou TDMA (Time Division Multiple Access) consiste à multiplexer optiquement sur la même longueur d'onde, l'information venant des différents usagers [13]. Les utilisateurs partagent la même bande passante et émettent les données à transmettre dans les différents intervalles de temps ou slots qui leur sont alloués. Le récepteur effectue l'opération de démultiplexage pour récupérer les données. La figure 1.3, présente un exemple de transmission TDMA pour le cas de quatre émetteurs.

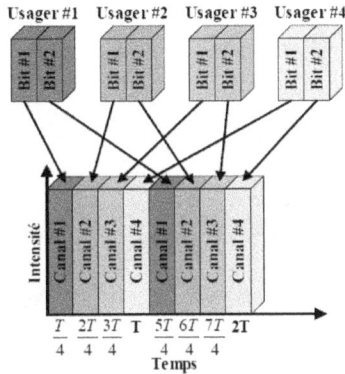

FIGURE 1.3 – Canaux de communication TDMA –

Le TDMA est une technique qui fonctionne essentiellement pour les communications nœud à nœud parce qu'un traitement spécial des paquets est requis à la réception. Les ressources sont aussi monopolisé ce qui limite grandement ces réseaux. En plus, lorsque le débit augmente, la dégradation du signal transmis devient de plus en plus importante à cause de l'interférence inter-symbole provoquée par la dispersion de la fibre et le traitement électronique des signaux avant et après modulation. En conséquence, il a été imaginé d'utiliser plusieurs longueurs d'onde pour la transmission au lieu d'une seule. Dans la prochaine section, nous allons étudier ce type de transmission.

4.2 La Technique d'Accès Multiple par Répartition en Longueur d'Onde

Le principe de cette technique est très simple. Elle consiste à transmettre simultanément l'information sur plusieurs longueurs d'onde afin d'exploiter au maximum toute la largeur de bande offerte par la fibre optique [14]. La plage de longueurs d'onde utilisable est divisée en N bandes disjointes qui sont attribué à N

18

usagers. Chaque émetteur a sa longueur d'onde pour transmettre. Elle peut être fixe ou attribuée dynamiquement (Figure 1.4).

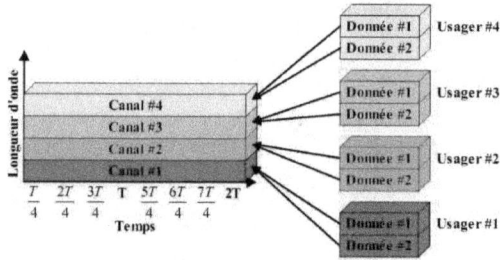

FIGURE 1.4 – Canaux de communication WDMA –

Le multiplexage en longueur d'onde peut porter différentes appellations. Lorsque l'espacement entre les fréquences optiques est de l'ordre de plusieurs nanomètres, l'on parle alors de système à accès multiple par répartition de longueurs d'onde ou WDMA (Wavelength Division Multiple Access). Lorsque l'espacement entre les fréquences optiques est de l'ordre de 1 nm, l'on parle alors de système à accès multiple par répartition dense de longueurs d'onde ou DWDMA (Dense Wavelength Division Multiple Access). Lorsque l'espacement entre les fréquences optiques est de l'ordre de quelques GHz, l'on parle alors de système à accès multiple par répartition de fréquences ou FDMA (Frequency Division Multiple Access). Cette distinction n'a pas réellement d'impact sur l'architecture même du réseau mais elle est toutefois nécessaire pour mettre en relief les différentes appellations de ces systèmes. Comme nous le verrons aussi dans l'analyse du CDMA, les termes fréquence et longueur d'onde sont très souvent intervertis, voir même mélangés.

Une des limitations du WDM est que les spectres des signaux transportés par chaque canal doivent conserver un bon espacement fréquentiel les uns des autres afin de pouvoir les récupérer sans trop d'erreur. De plus, la puissance optique totale transmise dans la fibre doit elle aussi être contrôlée afin d'éviter certains effets non-linéaires. La dispersion chromatique et les effets non-linéaires de la fibre comme le mélange à quatre ondes, la modulation de phase croisée, la diffusion Raman stimulée et la diffusion Brillouin stimulée engendrent, dans certaines situations, de la diaphonie entre les différents canaux. Comme nous le verrons à la prochaine section, le CDMA (Code Division Multiple Access) utilise plusieurs composantes fréquentielles du canal, ce qui le rend plus robuste.

4.3 La Technique d'Accès Multiple par Répartition de Code

L'Accès Multiple par Répartition de Code (AMRC ou CDMA) est une technique qui permet l'accès multiple à un réseau de communication en attribuant à chaque usager un canal spécifique qui est désigné par un code à utiliser [15]. Le CDMA optique est généralement réalisé en attribuant un code unique à chaque usager. Cette technique permet à tous les utilisateurs de partager la totalité de la bande passante du canal optique. Cependant, les techniques OTDMA et WDMA permettent l'allocation d'une petite portion de la bande passante pour chaque utilisateur. La Figure 1.5 montre un aperçu des trois types de codages.

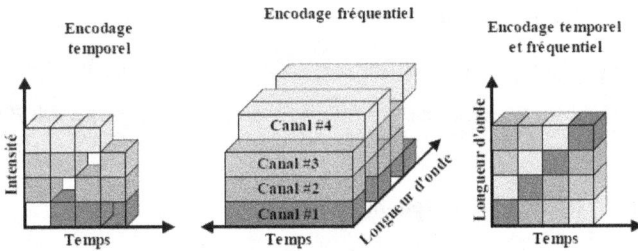

FIGURE 1.5 – Canaux de communication CDMA –

Dans la technique CDMA, l'orthogonalité des codes est la propriété importante pour minimiser les interférences dues à l'accès multiple du canal. Donc l'Interférence d'Accès Multiple (IAM) qui augmente avec le nombre d'utilisateurs et qui est liée aux propriétés d'inter-corrélation des codes est une des principales limites des performances d'un système OCDMA (Optical CDMA). Parmi les autres limitations à l'application du CDMA à l'optique, certaines sont dues à la nature du canal (dispersion chromatique) d'autres au fonctionnement des composants électroniques, optiques et optoélectroniques (bande-passante, non-linéarités, bruits du photo-détecteur, etc..).

5 La technique MIMO

Dans les systèmes électriques sans fil, les techniques MIMO (Multiple Input Multiple Output), utilisant plusieurs antennes à l'émission qu'à la réception ont réussi à devenir le sujet de recherche le plus populaire dans le domaine de communication sans fil. En effet, ils peuvent améliorer l'efficacité spectrale et la robustesse des systèmes de communication sans fil [16]. La croissance énorme de la capacité qui assure ces techniques est due à l'exploitation de la dimension spatiale du système. Un environnement riche de diffusion est requis et la capacité du système varie de façon linéaire avec le nombre d'antennes, tout en gardant la puissance totale de la transmission et la bande passante de la chaîne constante. En exploitant le caractère "multi-trajets" de la fibre optique multimode (MMF), on a pu démontrer la possibilité d'appliquer cette technique dans le domaine de l'optique (technique MGDM) [17].

5.1 Les systèmes MIMO en Radiocommunication

Le besoin de transmettre de l'information dans des environnements complexes tout en augmentant le débit a donné lieu à une solution originale qui fait appel non seulement à plusieurs antennes en réception mais aussi en émission. Cette technique connue sous l'appellation MIMO permet en utilisant la même bande spectrale de transmettre plus de débit ou d'améliorer la qualité de liaison. Plusieurs techniques sont proposées dans la littérature. Un système MIMO, représenté sur la figure 1.4, comprend N antennes d'émission et M antennes de réception.

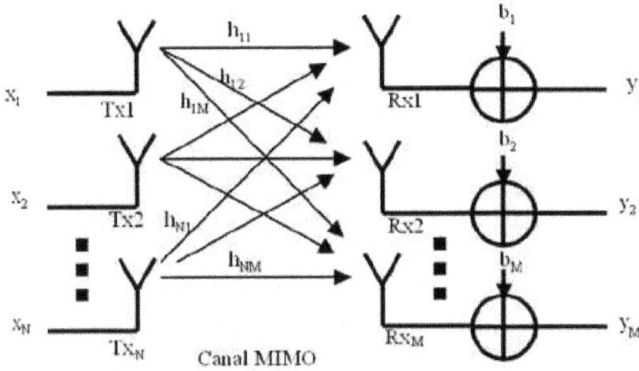

FIGURE 1.6 – Répartition d'un système MIMO M × N –

Le vecteur $x=[x_1 \ldots x_t \ldots x_N]^T$ de N symboles correspondant aux symboles à transmettre sur chacune des N antennes d'émission pendant une durée symbole T_s est le vecteur émis, tandis que H est la matrice du canal de dimension M × N, défini par :

$$H = \begin{bmatrix} h_{11} \cdots & h_{1N} \\ \vdots & \ddots & \vdots \\ h_{M1} \cdots & h_{MN} \end{bmatrix} \tag{1.16}$$

Chaque coefficient h_{mn} représente la relation du canal multi-antennes entre la $n^{ième}$ antenne d'émission et la $m^{ième}$ antenne de réception, et en considérant b le vecteur de bruit des M antennes de réception tel que $b=[b_1 \ldots b_t \ldots b_N]^T$ alors **y,** le vecteur reçu, s'exprime de la manière suivante :

$$y = H.x + b \qquad (1.17)$$

On considère généralement que le bruit est négligeable pour pouvoir reconstruire le signal transmis. Ainsi l'expression 1.17 peut s'écrire :

$$y = H.x \qquad (1.18)$$

Connaissant y et H la relation qui permet de reconstruire x est la suivante :

$$x = H^{-1}.y \qquad (1.19)$$

Mathématiquement, résoudre cette dernière équation requiert que H soit inversible ce qui veut dire que H est de rang plein (sa dimension est égale à son rang). Physiquement, ceci se traduit par des atténuations et des déphasages différents subits par chaque signal transmis. C'est pour cela qu'il est essentiel d'avoir un environnement riche en multi-trajets pour bénéficier pleinement des apports d'un système MIMO.

5.2 Les systèmes MIMO optiques

Les modes guidés d'une fibre optique multimode ou MMF offre des degrés de liberté spatiaux qui peuvent être utilisés dans les systèmes de transport et de multiplexage. Toutefois, la façon de mettre en œuvre un tel système n'est pas évidente. Plusieurs approches peuvent être trouvées dans la littérature, chacune d'entre elles exploite une caractéristique différente de la propagation de la lumière dans la fibre [18-19].
Plusieurs modélisations sont utilisées pour décrire chacune de ces approches modales selon son principe de fonctionnement. La figure 1.7 présente la similitude en architecture d'un lien MIMO dans le domaine Radio et dans le domaine Optique.

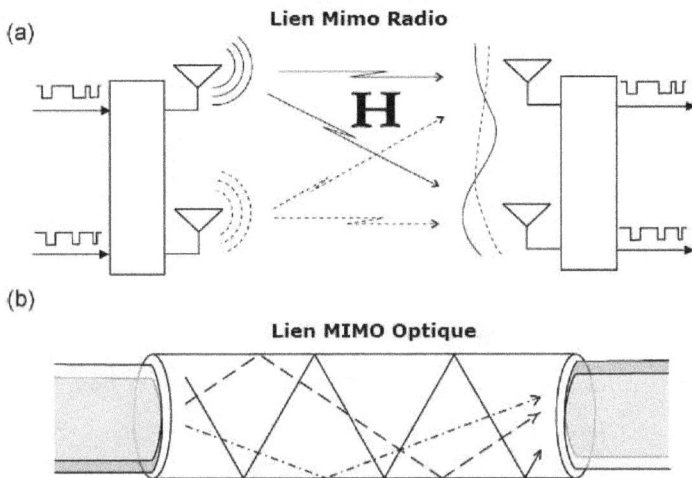

FIGURE 1.7 – Architecture d'un lien MIMO dans le domaine Radio (a) et en Optique (b) –

Pour une fibre MMF, les champs des modes de propagation forment un ensemble de fonctions orthogonales. S'il est possible d'exciter séparément chaque mode et concevoir un récepteur qui exploite l'orthogonalité des champs modale pour détecter chaque mode, le multiplexage modal serait atteint. Ce système serait analogue à la technique PDM (Polarization Division Multiplexing) et exige que la puissance de transmission pour un seul mode ne soit pas transférée pour un autre mode pendant la propagation. En d'autres termes, le mélange des modes devrait être négligeable. Bien que ce mélange des modes dans les fibres multimodes à gradient d'indice est négligeable, les composants nécessaires pour exciter et détecter chaque mode d'un tel système n'est pas évidente. Une méthode qui transmet plusieurs canaux mutuellement orthogonaux et utilisant le démultiplexage holographique pour séparer les canaux se rapproche du principe décrit ci-dessus [20].

D'un autre coté, l'IM-DD (Intensity Modulation Direct Detection) est le moyen le plus simple de construire une liaison de communication optique. Dans les applications de courte portée, où les MMF sont utilisées, la simplicité et le faible coût sont des questions clés. Outre le multiplexage modal avec l'holographie, les approches IM-DD ont été également proposées [21]. Le multiplexage par division de mode et le multiplexage angulaire, sont basés sur l'excitation des modes ou les groupes de modes, les profils de puissance sont orthogonaux sur un certain plan. La MGDM (Mode Group Diversity Multiplexing) est une technique MIMO qui utilise IM-DD et crée des canaux parallèles de communication indépendante, transparente pour le format du signal. Elle est basée sur la génération et la détection spatiale de sous-groupes de modes. La MGDM a été introduite récemment pour améliorer la capacité du MMF et pour remplacer WDM qui est plus cher pour les réseaux LAN (Local Area Network).

6 Conclusion

Dans ce chapitre, l'intérêt d'utiliser la fibre multimode comme support de propagation a été démontré. Une étude théorique des propriétés physiques de ce type de fibre a été aussi présentée. En outre, un modèle de dispersion est proposé montrant que la MMF peut être considérée comme un canal à trajets multiples. Cette analyse, permet l'utilisation des modes de propagation des MMF pour des applications de transmission MIMO afin d'exploiter la diversité spatiale du canal de propagation (technologie appelée MGDM). Nous avons présenté aussi dans ce chapitre les différentes techniques de multiplexage utilisé et on a mis l'accent sur les systèmes MIMO dans le domaine radio et en optique. Étant une technique MIMO, la technologie MGDM a été introduite et elle va être développée d'avantage dans le chapitre suivant.

Chapitre 2

La Technique de Multiplexage par Diversité de Groupe de Modes

1 Introduction

La technique de multiplexage par diversité de groupe de mode (MGDM), est une technique de multiplexage, basée sur la génération et la détection spatiale des sous-groupes de modes pour créer un certain nombre de canaux de communication indépendants sur un seul MMF [22]. Elle a été introduite récemment pour améliorer la capacité du MMF et garantir une orthogonalité entres plusieurs canaux [23]. La MGDM a été proposée aussi comme un moyen d'intégrer différents services sur un réseau MMF [24].

Dans ce chapitre, nous allons étudier le principe de fonctionnement de la technique de multiplexage MGDM pour une transmission par fibre optique multimode. Cette étude est basée sur la résolution des équations de propagation d'ondes dans la fibre. Nous allons proposer par la suite un algorithme de calcul de la matrice de transfert et de la capacité du MMF ainsi que la méthode avec la quelle on peut choisir les meilleures conditions d'émission et de réception d'un système MGDM. Nous allons étudier aussi, l'amélioration qu'on peut faire sur l'architecture du modèle MGDM classique afin d'assurer la stabilité du système et diminuer la complexité des algorithmes de détection. Nous allons décrire ainsi une méthode de diagonalisation du système MGDM. Ensuite, nous allons présenter des différents types de précodeurs utilisés dans le domaine radio et essayer de les adapter dans une configuration multi-utilisateurs optique afin d'optimiser la transmission suivant des critères de qualité.

Des différents types de récepteurs radio sont aussi étudiés pour estimer les symboles émis. Enfin, nous allons décrire les principaux phénomènes qui peuvent perturber une transmission MGDM.

2 Principe d'une liaison MGDM

Etant une technique MIMO, la technique de multiplexage par diversité de groupe de mode utilise une matrice de transfert pour relier le signal d'entrée à celui de sortie [25]. Le concept de base pour un système de multiplexage par diversité de groupe de modes est montré dans la figure 2.1.

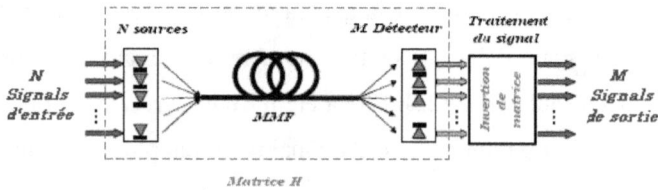

FIGURE 2.1 – Schéma de principe de la technique de multiplexage MGDM –

A l'émission, N sources sont utilisées pour exciter différents groupes de modes. A la réception, chaque groupe de mode est récupéré par l'un des M photo-détecteurs. La matrice de transfert, de taille (M×N), décrit le canal de propagation dans la fibre. Les éléments de la matrice h_{ij} décrivent le transfert du signal de l'émetteur i, au récepteur j. Ils représentent la proportion de la puissance transmise par la $i^{\text{ème}}$ source et reçue par le $j^{\text{ème}}$ détecteur et peuvent être exprimé par [26]:

$$h_{ij} = \frac{I_j(S_i, L)}{I_j(S, L)}$$

(2.1)

avec : I_j : l'intensité du flux lumineux générée par l'émetteur j, mesuré à la sortie de la fibre de longueur L. S_i présente la surface du segment du $i^{ème}$ détecteur sur la facette de sortie de la fibre. La détermination de l'intensité I correspondant à chaque canal nous permet de déterminer les coefficients de la matrice H qui définit le canal MGDM.

Pour un lien MGDM, le champ incident à l'entrée de la fibre selon l'axe Oz est considéré comme un champ gaussien donné par l'équation suivante [27] :

$$E(x,y) = \frac{\sqrt{2}}{\sqrt{\pi}w} . \exp\left(-(x-F)^2 - \left(y^2/w^2\right) - i.\left(2\,n\pi\theta y/\lambda\right)\right) \quad (2.2)$$

Le coefficient n étant l'indice de réfraction de la fibre et λ est la longueur d'onde utilisée. Ce faisceau lumineux est caractérisé par 3 paramètres déterminant la condition d'excitation de la fibre MMF. Ces paramètres présentés à la figure 2.2 sont l'offset (F), le spot size (w) et l'inclinaison θ.

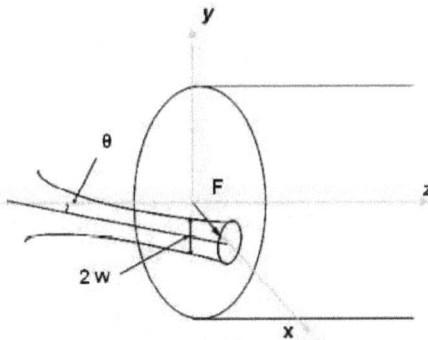

FIGURE 2.2 – Géométrie d'excitation de la fibre MMF par un champ gaussien –

E étant la superposition des champs générés par les sources S_i (i=1..N). La distribution d'intensité correspondante à z = L est donnée par :

$$I(S,L) = \frac{1}{2} \sum_{\mu,\nu} \left| a_{\mu,\nu}(L) \right|^2 \int_S \Psi^2_{\mu,\nu} \, dS$$

$$+ \sum_{\substack{\mu \neq \mu' \\ \nu \neq \nu'}} \left[a_{\mu,\nu}(L).a_{\mu',\nu'}(L) \times \int_S \Psi_{\mu,\nu} \Psi_{\mu',\nu'} \, dS \right] \cos\left((\beta_{\mu,\nu} - \beta_{\mu',\nu'})L\right) \quad (2.3)$$

avec $\psi_{\mu\nu}$ est le champ scalaire modal, $a_{\mu\nu}$ est l'amplitude modale et $\beta_{\mu\nu}$ est la constante de propagation.

Afin de déterminer la distribution d'intensité à la sortie de la fibre, nous devons déterminer le champ scalaire modal $\psi_{\mu\nu}$, l'amplitude modale $a_{\mu\nu}$ et la constante de propagation $\beta_{\mu\nu}$. Le champ scalaire modal $\psi_{\mu\nu}$ est donné par l'expression suivante de Hermite-Gauss :

$$\Psi_{\mu,\nu}(x,y) = \left(2^{\mu+\nu} \pi w_0 \, \mu! \nu!\right)^2 H_\mu\left(\frac{\sqrt{2}x}{w_0}\right) \times H_\nu\left(\frac{\sqrt{2}y}{w_0}\right) . \exp\left(-\frac{x^2+y^2}{w_0^2}\right) \quad (2.4)$$

avec w_0 est le spot size du mode fondamental et la fonction H est la fonction de Hermite définit par :

$$H_p(x) = (-1)^p \exp(x^2) \frac{\partial^p}{\partial x^p} \exp(-x^2) \quad (2.5)$$

Le spot size du mode fondamental est donné par :

$$w_0 = \sqrt{\frac{2a}{\frac{2\pi}{\lambda} n_1 \sqrt{2\Delta}}} \quad (2.6)$$

29

avec n_1 est l'indice de réfraction sur l'axe du cœur de la fibre et Δ est la différence relative d'indice qui s'exprime comme suit :

$$\Delta = \frac{n_1^{\,2} - n_2^{\,2}}{2n_1^{\,2}} \tag{2.7}$$

où n_2 est l'indice de la gaine. L'amplitude modale est déterminée par l'intégrale de recouvrement (overlap) donnée par l'équation 2.8.

$$a_{\mu,\nu}(z) = 2\left(\frac{w}{w_0}\right)\frac{1}{1+\left(\frac{w}{w_0}\right)^2}\left[\frac{w_0^{\,2}-w^2}{w_0^{\,2}+w^2}\right]^{\frac{\mu+\nu}{2}}\frac{1}{\sqrt{\mu!\,\nu!}}\,H_\mu\left(\frac{\sqrt{2}\,w_0 F}{w_0^{\,4}-w^4}\right)\times$$

$$H_\nu\left(\frac{k_0\,n_0\,\theta\,w_0\,w^2}{2\left(w^4-w_0^{\,4}\right)}\right)\exp\left(-\frac{F^2}{w_0^{\,2}+w^2}-\frac{k_0^{\,2}n_0^{\,2}\theta^2 w_0^{\,2}w^2}{4\left(w^4+w_0^{\,4}\right)}\right)\exp\left(-\gamma_{\mu,\nu}\,z\right) \tag{2.8}$$

$\gamma_{\mu\nu}$ est le coefficient d'atténuation des modes. Dans l'approximation du faible guidage ($\Delta \ll 1$) les modes sont groupés en groupes de modes. Les modes d'un groupe se propagent avec la même constante de propagation modale donnée par l'expression suivante :

$$\beta_{\mu,\nu} = \sqrt{k_0^{\,2}n_0^{\,2} - \frac{2(2\mu + 2\nu + 2)}{w_0^{\,2}}} \tag{2.9}$$

3 Capacité du canal MGDM

L'étude des performances d'un lien MGDM peut être identique à celle pour le canal MIMO. L'utilité d'un canal MGDM en termes d'augmentation de capacité donne un intérêt majeur dans la plupart des applications de communication optiques. En considérant la matrice du canal H définie en (2.1), la capacité du système est exprimée comme suit [28] :

$$C = B.\log_2\left[\det\left(I_M + \frac{\rho}{N}HH*\right)\right] \quad \text{bits/s/Hz} \qquad (2.10)$$

avec B est la bande passante du canal (Hz), N est le nombre d'émetteurs, M est le nombre de récepteurs, I_M est la matrice unité de taille M×M et ρ est le Rapport Signal sur Bruit (RSB ou SNR : Signal to Noise Ratio). Nous proposons dans le paragraphe suivant un algorithme de calcul de la matrice du transfert et de la capacité d'un système MGDM (M×N).

4 Algorithme de calcul de la matrice du transfert et de la capacité du canal MGDM

Dans ce paragraphe, nous proposons un algorithme de calcul de la matrice de transfert "H" et de la capacité du système "C", d'un lien MGDM. Cet algorithme est donné par le diagramme de la figure 2.3. Ce diagramme est la base des programmations Matlab des tous les résultats de simulation obtenus. Dans cet algorithme nous commençons par initialiser les données de programmation. Ces données sont les paramètres de la fibre MMF utilisée (longueur, indice de réfraction de la gaine, rayon et indice de réfraction du cœur…) et les paramètres d'excitation du champ Gaussien de chaque émetteur (longueur d'onde, offset, spot size,

31

inclinaison…). Nous calculons par la suite la fonction de Hermite, la constante de propagation modale et l'atténuation modale en faisant varier les nombres de modes radiales et azimutales en utilisant la relation qui lit ces nombres au nombre de modes. Nous calculons alors le champ scalaire modal et l'amplitude modale. En connaissant la surface du segment de chaque détecteur sur la facette de sortie de la fibre, nous calculons par la suite l'intensité du flux lumineux provoqué par chaque émetteur.

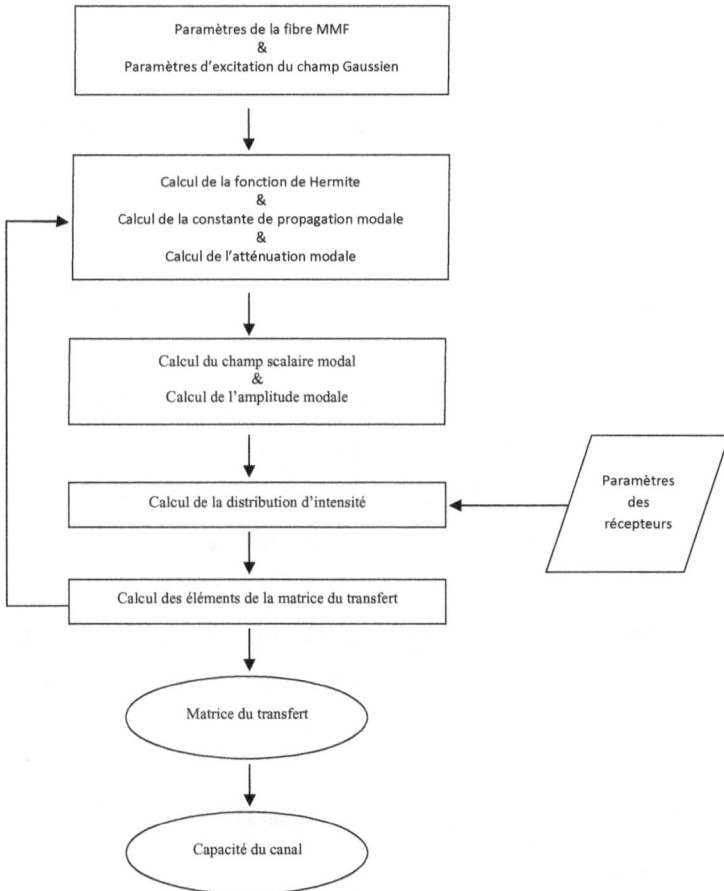

```
┌─────────────────────────────────────────┐
│        Paramètres de la fibre MMF        │
│                     &                    │
│  Paramètres d'excitation du champ Gaussien│
└─────────────────────────────────────────┘
                     │
                     ▼
┌─────────────────────────────────────────┐
│      Calcul de la fonction de Hermite    │
│                     &                    │
│  Calcul de la constante de propagation modale│
│                     &                    │
│      Calcul de l'atténuation modale      │
└─────────────────────────────────────────┘
                     │
                     ▼
┌─────────────────────────────────────────┐
│      Calcul du champ scalaire modal      │
│                     &                    │
│      Calcul de l'amplitude modale        │
└─────────────────────────────────────────┘
                     │
                     ▼
┌─────────────────────────────────────────┐           ╱──────────╲
│     Calcul de la distribution d'intensité │◄──────────  Paramètres  │
└─────────────────────────────────────────┘           │    des     │
                     │                                 ╲  récepteurs ╱
                     ▼                                  ──────────
┌─────────────────────────────────────────┐
│  Calcul des éléments de la matrice du transfert│
└─────────────────────────────────────────┘
                     │
                     ▼
            ╭───────────────────╮
            │  Matrice du transfert │
            ╰───────────────────╯
                     │
                     ▼
            ╭───────────────────╮
            │   Capacité du canal   │
            ╰───────────────────╯
```

FIGURE 2.3 – Diagramme de calcul de la matrice de transfert et de la capacité du système –

Cette procédure est répétée pour toutes les combinaisons entre les différents émetteurs et les différents récepteurs. L'intensité totale du flux lumineux de chaque récepteur est la somme de l'intensité des flux lumineux généré par les différents émetteurs. La valeur de la proportion de la puissance reçue sur la facette de sortie de la fibre pour chaque groupe de mode nous permet de trouver les éléments de la matrice de transfert. Une fois, cette matrice est déterminée, il deviendra aisé de calculer la capacité du système. Le choix des paramètres d'excitation et de réception est expliqué d'une manière détaillée dans le paragraphe suivant.

5 Optimisation des conditions d'excitation et de réception

Le nombre de modes excités dans un lien MGDM dépend des conditions d'excitation spatiales (F, w, θ) et de la longueur d'onde λ. Ces paramètres affectent la capacité et la qualité de transmission dans la fibre par la MGDM. La distribution de l'intensité du flux lumineux à la sortie de la fibre dépend du nombre de modes excités à l'entrée de la fibre. Le choix de l'offset radial est lié à l'optimisation des conditions d'injection afin de minimiser les interférences entre les canaux. De plus, pour chaque offset donné il y a une région spécifique à la sortie de la fibre pour recueillir le maximum de l'intensité lumineuse à l'entrée du récepteur qui correspond à l'émission de l'offset donné. Les conditions d'excitation des modes ne dépendent pas seulement des conditions d'excitation spatiales, mais aussi de la longueur d'onde utilisée.

Le nombre de modes excités à un offset donné change en fonction de la longueur d'onde. Dans la suite nous présentons les choix optimaux de ces paramètres.

5.1 Le choix du spot size (w) et l'offset radial (F)

L'optimisation des conditions d'injection a pour but de minimiser les interférences entre les canaux et de recueillir le maximum de l'intensité lumineuse à l'entrée du récepteur qui correspond à l'émission aux offsets choisis. Le changement du spot size

(w) et l'offset radial (F) du flux lumineux incident sur la facette d'entrée de la fibre influe sur le nombre de modes excités. Plus le nombre de modes excités est petit, plus la distribution de l'intensité est focalisée dans un rayon petit. La relation entre le spot size (w), l'offset radial (F) et le nombre de groupes de modes excités M est donné par la relation suivante [29] :

$$M = \left(\frac{w_0}{w}\right)^2 + \begin{cases} \dfrac{4Fw}{w_0^2} & si\ F > w \\[3mm] \dfrac{(F+w)^2}{w_0^2} & si\ F < w \end{cases}$$

(2.11)

Le spot size et l'offset radial optimaux correspondent au nombre minimum de groupe de modes excités puisque la distribution de la puissance se concentre sur les modes fondamentaux.

5.2 Le choix de l'offset angulaire (θ)

Pour un flux lumineux incident, il existe un angle optimal et unique (θ) qui présente un maximum d'intensité lumineuse à la sortie du récepteur et qui correspond à un nombre minimale de groupe de modes excités [30]. Cet offset angulaire (θ) est lié à l'offset radial (F) par la relation 2.12.

$$\theta = \arcsin\left(\frac{F.NA}{a.n_0\sqrt{1 - 2\Delta\left(\dfrac{F}{a}\right)^\alpha}}\right)$$

(2.12)

a est le rayon du cœur de la fibre, α est le paramètre qui détermine la forme du profil dans le cœur de la MMF et *NA* est l'ouverture numérique de la fibre.

5.3 Le choix de la longueur d'onde (λ)

Les conditions d'excitation des modes dépendent aussi de la longueur d'onde utilisée (λ). Le nombre total de groupes de mode qui peut être guidé dans la MMF est relié à la longueur d'onde utilisé par la relation suivante [31] :

$$M = 2\pi a \frac{n_1}{\lambda} \sqrt{\frac{\alpha \Delta}{\alpha + 2}} \qquad (2.13)$$

Le nombre de modes excités change alors en fonction de la longueur d'onde. La longueur d'onde optimale correspond au nombre minimum de groupe de modes excités. Néanmoins, l'atténuation modale de chaque mode de propagation de la fibre dépend de la longueur d'onde. Donc, il faut tenir compte de cette atténuation modale du signal qui provient des mécanismes de pertes conventionnels qui sont présents dans une fibre comme l'absorption, la diffusion de Rayleigh et les pertes de réflexion à l'interface cœur /gaine.

5.4 Le choix des paramètres de réception

La détermination des coefficients h_{ij} est reliée à la distribution de l'intensité du flux lumineux dans des surfaces séparées correspondant chacune à un canal déterminé par l'offset à l'émission. Les surfaces de détection sont des zones circulaires centrées sur l'axe de la fibre caractérisées par des rayons de séparation. Ces rayons sont choisit de telle sorte pour faire un compromis entre recueillir le maximum de l'intensité lumineuse émise par chaque émetteur et minimiser l'interférence entre les canaux.

6 Amélioration de la performance d'un système MGDM

Le principe de base pour un système de multiplexage par diversité de groupe de modes est l'emploi d'un nombre N d'émetteurs optiques indépendants à une extrémité du système (N lasers), et de M récepteurs à l'autre extrémité (M photodiodes). Chaque émetteur injecte un signal de données sur un groupe différent de modes suivant N offsets (multiplexage spatial). Un mélange de modes (mode mixing) dans la fibre provoque une diaphonie entre les groupes de mode d'où une interférence entre les signaux. Chaque récepteur spatialement sélectif détecte une partie différente de l'intensité générée par le groupe de mode. Le signal de sortie de chaque détecteur est un mélange de N signaux. Les photodiodes sont suivies d'un égaliseur où les M flux reçus sont décorrélés, et les N flux de données originaux sont récupérés séparément. Pour ceci, le processeur de signal doit inverser la matrice de transmission qui décrit le transfert de signal entre les N émetteurs et les M récepteurs. Par conséquent, les éléments de la matrice de transmission doivent être déterminés par le système, et être stockés dans le processeur de signal (égaliseur) à la réception. Afin de réduire les erreurs de transmission et surveiller les fluctuations engendrées par les interférences intermodales et assurer une meilleure stabilité du système, un autre modèle présenté par la figure 2.4 est proposé.

À l'émission, un circuit de traitement des signaux (codeur) initialise le système en envoyant quelques séquences de données d'apprentissage, qui sont connues a priori du récepteur, et qui sont employées pour déterminer les éléments de la matrice de transfert. Ces éléments subissent des variations causés par les conditions de fluctuations de « mode mixing » dans la fibre multimode. Des stratégies pour adapter les coefficients dynamiquement peuvent être conçues. Par exemple, les fluctuations peuvent être surveillées en ajoutant une certaine redondance aux signaux transmis au moyen d'un codage en ligne par le codeur à l'émission, qui permet la détection des erreurs de transmission par le récepteur. Si trop d'erreurs se produisent, le récepteur peut demander par l'intermédiaire d'un canal de rétroaction (feedback) à l'émetteur d'envoyer encore une nouvelle séquence de données d'apprentissage pour une nouvelle initialisation du système.

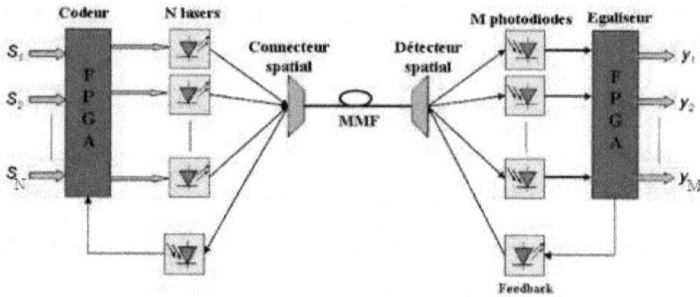

FIGURE 2.4 – Amélioration de la stabilité du modèle MGDM –

Ce nouveau model d'un système MGDM réduira alors les erreurs de transmission et assurera une meilleure stabilité du système. En effet, les systèmes MIMO, d'après leur construction, offrent de nombreux avantages. Pour accroître encore les performances en termes de robustesse, débits et qualité de service, différentes méthodes ont été développées dans le domaine radio et qui peuvent être utilisés en optique depuis une dizaine d'année afin de répartir au mieux la puissance totale du système [32]. Ainsi, les dégradations dues à la propagation peuvent être anticipées : c'est ce qui est appelé le précodage (ou pré-égalisation) avant l'émission.

La contrainte forte et obligatoire pour ce type d'optimisation est la nécessité de connaître, au niveau de l'émetteur, l'état du canal ou CSI (Channel State Information). Celui-ci est généralement estimé en réception par une séquence d'apprentissage ou par des algorithmes à égalisation aveugles afin de démoduler les symboles. La CSI à l'émetteur nécessite donc la mise en place d'un retour d'information du récepteur vers l'émetteur en renvoyant toute l'estimation du canal ou seulement quelques coefficients.

Pour optimiser la transmission des systèmes MIMO à l'aide du précodeur, trois types d'amélioration peuvent être distinguées :

- Le débit: le but est d'atteindre le plus haut débit binaire par unité de largeur de bande. Il est donc intéressant de garantir la meilleure exploitation du canal MIMO.

- La fiabilité: la fiabilité d'un système est souvent en contradiction avec la capacité maximale. La fiabilité est mesurée par le taux d'erreur binaire moyen. Il est important de choisir une stratégie de précodage qui permet de compenser au mieux les effets du canal.

- La complexité : plus le précodage est complexe et plus l'implémentation est difficile et en général consommatrice d'énergie. Il faut donc concevoir des précodeurs simples.

L'optimisation générale des précodeurs suivant certains critères tels que l'EQMM (Erreur Quadratique Moyenne Minimale), le WF (Water Filling ou maximisation de la capacité), la QdS (Qualité de Service), l'EE (Erreur Egale), aboutit à la diagonalisation de la matrice canal H [33]. Cette procédure est une technique classique pour simplifier les systèmes multi-variables. Nous présentons par la suite une méthode diagonalisant le canal. Grâce à cette première étape, la détermination des précodeurs sera plus simple [34,35].

6.1 Diagonalisation du Lien MGDM

La diagonalisation du lien MGDM, va se faire par l'intermédiaire d'une matrice de précodage F et d'une matrice de décodage G.

Lorsque la matrice sera diagonale, le bruit du système équivalent sera blanc et isotrope. Pour le moment, le système peut s'écrire suivant l'équation 2.14.

$$y = G.H.F.s + G.b \qquad (2.14)$$

où H est la matrice du canal de taille ($M \times N$), F est la matrice de précodage de taille ($N \times N_s$), G est la matrice de décodage de taille ($N_s \times M$), s est le vecteur symbole émis de taile ($N_s \times 1$), N_s est le nombre de symboles émis simultanément qui peut être inférieur à N, b est le vecteur de bruit de taille ($N \times 1$) et y est le vecteur reçu de taille ($M \times 1$). Le modèle du système est donné sur la figure 2.5.

Les symboles sont démultiplexés sur N_s voies, puis précodés par F et enfin émis sur les N émetteurs. Les contributions dues aux différents trajets sont reçues sur les M récepteurs. Ensuite la matrice G décode les symboles afin qu'ils soient estimés et multiplexés. La dimension de N_s est limitée ($N_s \leq \min(N,M)$), car le nombre maximum de symboles pouvant être émis est égal au minimum de N et M si la matrice est de rang plein. Nous supposons ici que $E\{s.s^*\}=I_{Ns}$, $E\{b.b^*\}=R$ et $E\{s.b^*\}= 0$, I_{Ns} étant la matrice identité de taille ($N_s \times N_s$), E est l'espérance du signal et R la matrice de corrélation du bruit.

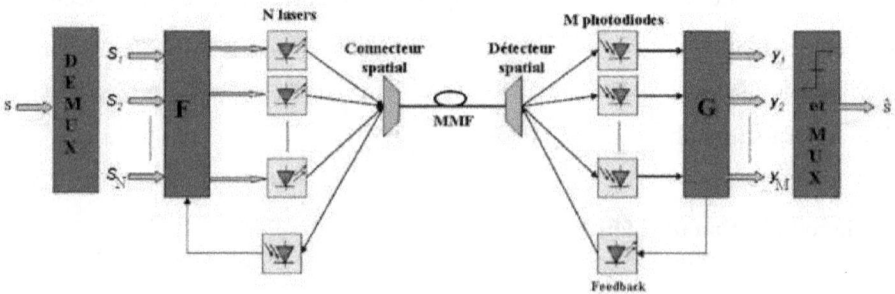

FIGURE 2.5 – Schéma d'un système MGDM précodé –

En notant la puissance totale disponible P_0, nous devons respecter la contrainte de puissance donnée par l'équation 2.15.

$$trace\{F.F^*\} = P_0 \qquad (2.15)$$

avec, trace ou Tr, l'opérateur connu en algèbre linéaire, définie comme la somme des coefficients diagonaux d'une matrice carrée, ici ($F.F^*$). La figure 2.6 représente en schéma bloc le système MGDM général précodé de façon matricielle.

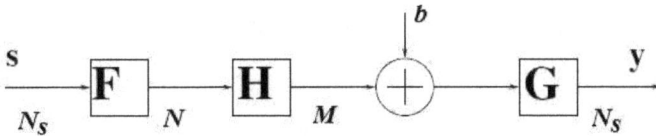

FIGURE 2.6 – Modèle d'un système MGDM avec précodeur et décodeur –

Pour aboutir à la diagonalisation du canal, les matrices de codage et de décodage vont être décomposées en produit de matrices. La première étape sépare les matrices qui servent à diagonaliser et à blanchir le bruit, notées avec un indice b, et les matrices qui servent à optimiser le système suivant un critère, notées avec un indice d. Ainsi nous posons les matrices suivantes :

$$F = F_b.F_d \ et \ G = G_d.G_b \qquad (2.16)$$

Sur la figure 2.7 nous pouvons voir le schéma bloc de la décomposition d'un système MGDM précodé et décodé. Nous pouvons réécrire le système comme suit :

$$y = G_d.H_b.F_d + G_d.b_b \qquad (2.17)$$

où H_b est le lien virtuel défini par $H_b = G_b.H.F_b$ et b_b est le bruit virtuel $b_b = G_b.b$ de matrice de corrélation $R_b = G_b.R.G_b^*$.

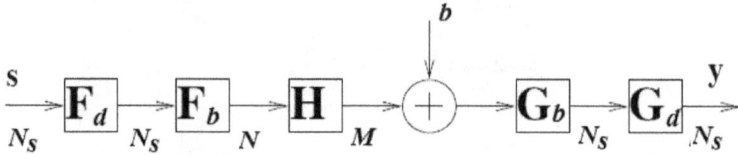

FIGURE 2.7 – Décomposition d'un lien MGDM diagonal avec précodeur F$_d$ et décodeur G$_d$ –

Le schéma bloc final simplifié du système MGDM « virtualisé » est donné par la figure 2.8.

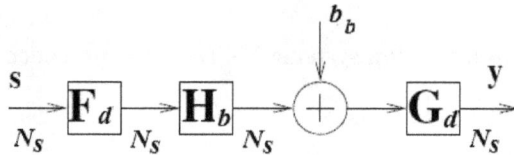

FIGURE 2.8 – Modèle d'un système MGDM virtuel simple –

Si les matrices de précodage F_b sont unitaires, la contrainte de puissance sur le précodeur F_d est donnée par :

$$trace\{F_d. F_d^*\} = P_0 \qquad (2.18)$$

L'objectif par la suite, est de parvenir à l'aide de transformations successives à simplifier le modèle autant que possible. Pour cette raison, les matrices de précodage et décodage seront définies comme :

$$G_b = G_3.G_2.G_1 \; et \; F_b = F_3.F_2.F_1 \qquad (2.19)$$

La simplification du canal MGDM se décompose en 3 étapes :

- Le blanchiment du bruit (F_1 et G_1)

- La diagonalisation du canal (F_2 et G_2)

- La réduction de dimension (F_3 et G_3)

6.1.1 Blanchiment du bruit

La phase du blanchiment du bruit est la phase qui correspond à la décomposition en valeur propre de la matrice de corrélation du bruit. Cette dernière est donnée alors par :

$$R = Q.D.Q^* \qquad (2.20)$$

où Q est une matrice unitaire et $D = \mathrm{diag}(\lambda_1,..., \lambda_M)$ est une matrice réelle diagonale avec $\lambda_1,..., \lambda_M \geq 0$; à noter que les valeurs propres sont triées dans l'ordre décroissant. Prenons :

$$G_1 = D^{-\frac{1}{2}}.Q^* \; et \; F_1 = I_N \qquad (2.21)$$

où $D^{-\frac{1}{2}}$ est une matrice diagonale, dont ses éléments diagonaux sont $\frac{1}{\sqrt{\lambda_1}}, ..., \frac{1}{\sqrt{\lambda_M}}$. Alors la matrice de corrélation du bruit virtuel est donnée par :

$$R_{b1} = G_1 . R . G_1^* = I_M \tag{2.22}$$

Le canal après blanchiment est alors :

$$H_{b1} = G_1 . H . F_1 \tag{2.23}$$

6.1.2 Diagonalisation du canal

Pour la phase de diagonalisation du canal, un outil mathématique très utilisé pour la simplification du lien est la Décomposition en Valeur Singulière DVS ou SVD (Singular Value Decomposition). La DVS de H_{b1} est donnée par :

$$H_{b1} = A . \Sigma . B^* \tag{2.24}$$

où A est une matrice unitaire de taille (M×M), B est une matrice unitaire de taille (N×N) et Σ est une matrice de taille (M×N) qui a la structure suivante :

$$\Sigma = \begin{pmatrix} \Sigma_k & 0 \\ 0 & 0 \end{pmatrix} \tag{2.25}$$

où $\Sigma_k = diag(\lambda_1,\dots,\lambda_k)$ est une matrice diagonale de taille (k×k) avec des éléments réels et strictement positifs sur la diagonale. Si H est de rang plein alors k=min(N,M). Considérons que ces éléments ont été triés tel que $\lambda_1 \geq \dots \geq \lambda_k > 0$, et prenons :

$$G_2 = A^* \text{ et } F_2 = B \tag{2.26}$$

Notons que le fait de choisir $F_2 = B$ n'implique aucune perte de généralisation parce que si l'information du canal est disponible du côté de l'émetteur, il sera toujours possible d'inclure B^* dans F_d pour annuler F_2. Alors le canal virtuel après blanchiment et diagonalisation est :

$$H_{b2} = G_2 . H_{b1} . F_2 = \Sigma \qquad (2.27)$$

et la matrice de corrélation du bruit est :

$$R_{b2} = G_2 . R_{b1} . G_2^* = I_M \qquad (2.28)$$

Maintenant, la matrice de canal virtuel et la matrice de corrélation du bruit virtuel sont extrêmement simples.

6.1.3 Réduction de dimension

Avec la deuxième étape, nous avons vu que la décomposition en valeur singulière renvoie une matrice Σ de dimension ($M \times N$). Afin de réduire la dimension au nombre de voies ($N_s \leq \min(N,M)$) nous gardons seulement les N_s voies de la matrice Σ_k en prenant G_3 comme matrice de taille ($N_s \times M$) et F_3 la matrice de taille ($N \times N_s$) définies par l'équation suivante :

$$G_3 = (I_{Ns} \quad 0) \text{ et } F_3 = \begin{pmatrix} I_{Ns} \\ 0 \end{pmatrix} \qquad (2.29)$$

Finalement le canal virtuel est la matrice de taille ($N_s \times N_s$) suivante :

$$H_b = G_3 . H_{b2} . F_3 = \Sigma_{Ns} \qquad (2.30)$$

où $\sum_{Ns}$ est la matrice diagonale de taille $(N_s \times N_s)$ contenant les N_s premiers éléments de la diagonale de $\sum$. La matrice de corrélation du bruit virtuel est :

$$R_b = I_{Ns} \tag{2.31}$$

Le modèle final est donc :

$$y = G_d . \overbrace{G_3 . G_2 . G_1}^{G_b} . H . \overbrace{F_3 . F_2 . F_1}^{F_b} . F_d + G_d . b_b \tag{2.32}$$

Ce modèle est représenté en schéma bloc par la figure 2.9.

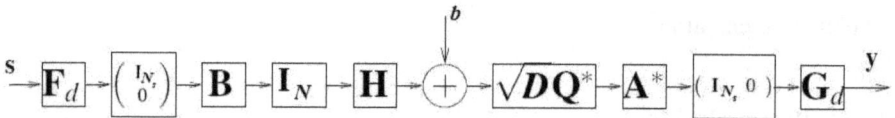

FIGURE 2.9 – Schéma bloc d'un système MGDM virtuel entièrement décomposé –

6.1.4 Résumé de la méthode

Grâce à la simplicité de la méthode, basée seulement sur des manipulations très simples de matrices, il est facile de la résumer dans un tableau (tableau 2.1). Cette méthode décrit les étapes du blanchiment du bruit (F_1 et G_1), la diagonalisation du canal (F_2 et G_2) et la réduction de dimension (F_3 et G_3).

Après avoir fini par ces étapes, on va essayer dans ce qui suit, d'étudier l'application pour notre système MGDM des précodeurs utilisé dans le domaine radio.

Étape	i	Méthode	F_i	G_i	H_{bi}	R_{bi}
Blanchiment du bruit	1	EVD : $R = Q.D.Q^*$	$F_1 = I_N$	$G_1 = D^{-\frac{1}{2}}.Q^*$	$H_{b1} = A . \sum . B^*$	$R_{b1} = I_M$
Diagonalisation du lien	2	SVD : $H_{b1} = A.\sum.B^*$	$F_2 = B$	$G_2 = A^*$	$H_{b2} = \sum$	$R_{b2} = I_M$
Réduction de dimension	3		$F_3 = \begin{pmatrix} I_{Ns} \\ 0 \end{pmatrix}$	$G_3 = (I_{Ns} \quad 0)$	$H_b = \sum_{Ns}$	$R_b = I_{Ns}$

TABLEAU 2.1 – Résumé de la méthode de diagonalisation d'un lien MGDM –

6.2 Étude des systèmes de précodage

La diagonalisation du lien vu précédemment entraine la réécriture d'un système MGDM comme suit :

$$y = G_d . H_b . F_d . s + G_d . b_b \qquad (2.33)$$

où $b_b = G_b.b$ est un bruit blanc avec une matrice de corrélation $R_b = I_{Ns}$, et $\sum_{Ns} = \text{diag}(\sigma_1, ..., \sigma_{Ns})$ est la matrice de taille ($N_s \times N_s$) du canal virtuel (c'est une matrice diagonale dont les éléments sont positifs et rangés par ordre décroissant). Par la suite, pour garder la puissance constante du côté des émetteurs, la matrice de précodage F_d est subit à la contrainte de l'équation 2.18. Les précodeurs présentés ici se basent sur le fait que le canal est déjà diagonal. Nous partons de l'hypothèse où les matrices F_d et G_d sont données par $F_d = \text{diag}(f_i)_{i=1}^{Ns}$ et $G_d = \text{diag}(g_i)_{i=1}^{Ns}$. Le système est alors équivalent à N_s voies parallèles et indépendantes :

$$y_i = g_i \cdot \sigma_i \cdot f_i \cdot s_i + g_i \cdot b_i \qquad i = 1, \dots, N_s \qquad (2.34)$$

Comme cette représentation revient à une série de N_s canaux indépendants, la détection MV peut être alors réalisée efficacement même pour un grand nombre de valeurs de N_s. Ainsi, les coefficients g_i n'ont aucune influence sur les performances du système et peuvent être pris égaux à 1 ($G_d = I_{Ns}$). Nous présentons par la suite quelques précodeurs utilisé dans le domaine radio et nous étudions chaque précodeur à part.

6.2.1 Le Précodeur WF

Le précodeur permettant de maximiser la capacité d'un système MIMO est appelé précodeur Water Filing (WF). La capacité pour notre modèle diagonal, s'écrit :

$$C = B. \sum_{i=1}^{N_s} log_2 \left(1 + f_i^2 \cdot \sigma_i^2\right) \qquad (2.35)$$

avec B est la bande passante du canal. Le précodeur diagonal qui maximise l'équation (2.35) sous la contrainte (2.15) s'écrit sous la forme :

$$f_i^2 = \begin{cases} \psi - \left(\dfrac{1}{\sigma_i^2}\right)^2 & si\ \psi > \left(\dfrac{1}{\sigma_i^2}\right)^2 \\ 0 & si\ non \end{cases} \qquad i = 1, \dots, N_s \quad (2.36)$$

où le seuil ψ est défini par :

$$\psi = \frac{P_0 + \gamma_\psi}{N_{s\psi}} \qquad avec \ \ \gamma_\psi = \sum_{i=1}^{N_{s\psi}} \frac{1}{\sigma_i^2} \qquad (2.37)$$

Nous pouvons constater suivant que ψ soit supérieure ou inférieure à $\left(\frac{1}{\sigma_i^2}\right)^2$, f_i^2 peut-être égale à 0. Cette propriété signifie que le précodeur WF peut « sacrifier » des voies en n'utilisant seulement que N_{s_ψ} voies sur les N_s disponibles. N_{s_ψ} est l'entier tel que $\sigma_i^2 > 1 / \psi$ pour $i = 1, \dots, N_{s_\psi}$ et $\sigma_i^2 \leq 1 / \psi$ $(f_i^2 = 0)$ pour $i = N_{s_\psi} + 1, \dots, N_s$. Alors la contrainte de puissance donne :

$$P_0 = \sum_{i=1}^{N_{s_\psi}} f_i^2 = \psi_{N_{s_\psi}} - \gamma_\psi \qquad (2.38)$$

L'algorithme de précodage doit vérifier que la valeur de ψ régénère le même N_{s_ψ}. Nous pouvons facilement trouver les f_i par l'équation 2.36. Pour bien comprendre le fonctionnement du précodeur WF, son synoptique est présenté sur la figure 2.10.

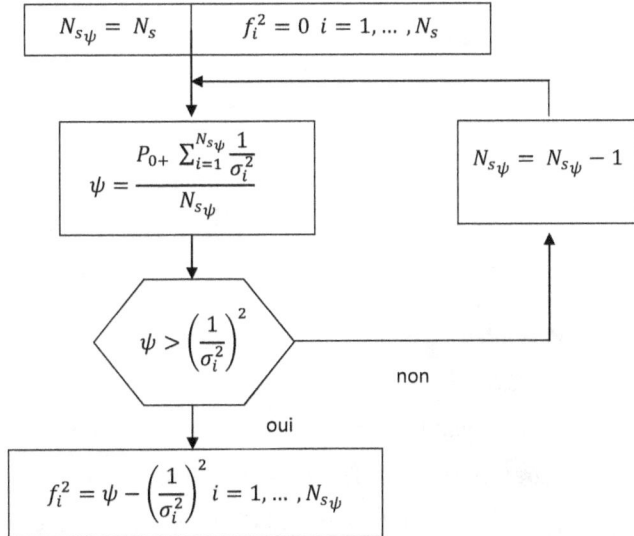

FIGURE 2.10 – Synoptique du calcul des valeurs du précodeur pour le WF –

6.2.2 Le Précodeur EQMM

Une autre solution bien connue pour l'optimisation des systèmes MIMO est la minimisation de l'erreur quadratique moyenne (EQMM). Cette méthode est intéressante à cause de sa faible complexité et de sa robustesse. Le critère à minimiser est $E[\|y - s\|]^2$ et peut être écrit comme :

$$E[\|y - s\|]^2 = \sum_{i=1}^{Ns} E\left[\left|(g_i.\sigma_i.f_i - 1).s_i + g_i.b_{b_i}\right|^2\right] \quad (2.39)$$

Après optimisation, les coefficients du précodeur sont décrits par le système suivant :

$$f_i^2 = \begin{cases} \frac{1}{\sigma_i}.\left(\psi - \frac{1}{\sigma_i}\right) & si \ \psi > \frac{1}{\sigma_i} \\ 0 & si \ non \end{cases} \quad (2.40)$$

En notant N_{s_ψ} l'entier tel que $\sigma_i > 1 \,/\, \psi$ pour $i = 1, \dots, N_{s_\psi}$ et $\sigma_i \le 1 \,/\, \psi$ pour $i = N_{s_\psi} + 1, \dots, N_s$, nous avons :

$$\psi = \frac{P_0 + \gamma_\psi}{N_{s_\psi}} \qquad avec \ \ \gamma_\psi = \sum_{i=1}^{N_{s_\psi}} \frac{1}{\sigma_i} \quad (2.41)$$

6.2.3 Le Précodeur QdS

Le critère sur la qualité de service (QdS) est utile pour des systèmes nécessitant une qualité de transmission différente entre chaque voie [36]. Ce précodeur donne la possibilité de régler l'écart en dB des RSB reçus γ_i entre les voies :

$$\gamma_i = f_i^2.\sigma_i^2 \qquad i = 1, \dots, N_s \quad (2.42)$$

49

Pour garantir la contrainte de RSB sur chaque voie telle que $\gamma_i = \gamma_{\rho_i}$ où ρ_i représente la proportion de RSB pour chaque voie, il faut que la somme des proportions soit égale à 1.

$$\sum_{i=1}^{N_s} \rho_i = 1 \quad et \quad \gamma = \sum_{i=1}^{N_s} \gamma_i = \frac{P_0}{\sum_{k=1}^{N_s} \frac{\rho_k}{\sigma_k^2}} \qquad (2.43)$$

Les valeurs de ρ_i doivent être rangées par ordre décroissant $\rho_1 > \rho_2 > \dots > \rho_{N_s}$. Le précodeur répartit alors la puissance comme suit :

$$f_i^2 = \frac{P_0 \cdot \rho_i}{\sigma_i^2 \cdot \sum_{k=1}^{N_s} \frac{\rho_k}{\sigma_k^2}} \qquad (2.44)$$

6.2.4 Le Précodeur EE

Un cas particulier de la QdS est obtenu lorsque tous les ρ_i sont identiques. Ainsi, toutes les voies ont le même RSB (γ_i constant pour $i = 1, \dots, N_s$) pour donner la même probabilité d'erreur. Ce critère, nommé Erreur Égale (EE), permet de palier à la disparité de la probabilité d'erreur sur les voies comme, par exemple, l'EQMM qui peut aboutir à des probabilités d'erreur très différentes. A partir de l'équation 2.44, le précodeur EE s'écrit :

$$f_i^2 = \frac{P_0}{\sigma_i^2 \cdot \sum_{k=1}^{N_s} \frac{1}{\sigma_k^2}} \qquad (2.45)$$

6.2.5 Le Précodeur max-SNR

Le précodeur maximum-SNR est un précodeur qui maximise le rapport signal sur bruit en réception [37, 38, 39]. Il émet toute la puissance dans la direction la plus favorisée du canal et maximise le RSB en réception. La figure 2.11 présente le schéma bloc du système MGDM max-SNR. La relation d'entrée-sortie du max-SNR est donnée par:

$$y = \sqrt{P_0} \cdot w_R^* \cdot H \cdot w_T \cdot s + w_R^* \cdot b \qquad (2.46)$$

où w_T et w_R sont respectivement les vecteurs poids de l'émetteur et du récepteur, s est le symbole transmis avec $E[|s^2|] = 1$, P_0 est la puissance moyenne émise et b est le vecteur bruit gaussien de covariance R_b = E[n.n*]. Les vecteurs w_T et w_R sont les vecteurs droite et gauche des valeurs singulières de la matrice H. Le canal peut alors être vu comme la valeur singulière maximale σ_{max}, le RSB en réception est ainsi maximisé. Ce précodeur est donc d'un intérêt médiocre. En modèle équivalent, ce système utilise toujours une seule voie (N_s = 1) et s'écrit :

$$y = \sqrt{P_0} \cdot \sigma_{max} \cdot s + n \qquad (2.47)$$

où $n = w_R^* \cdot b$ est le bruit gaussien.

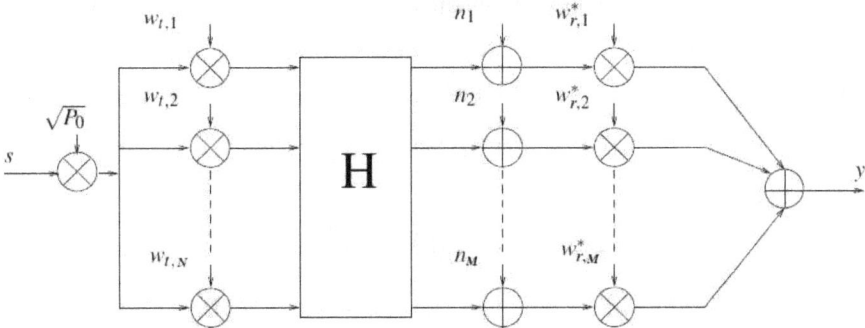

FIGURE 2.11 – Schéma bloc du système MGDM max-SNR –

6.3 Étude de l'égalisation au niveau des Récepteurs

Il existe un grand nombre de récepteurs différents pour estimer les symboles émis pour les systèmes MIMO ainsi qu'un grand nombre de variantes [40-41-42]. Dans cette partie, les principaux récepteurs appliqué dans le domaine radio et qui peuvent être adapté dans le domaine optique sont présentés. Nous allons commencer par présenter la méthode de forçage à zéro. Ensuite, nous allons décrire la méthode de minimisation de l'erreur quadratique moyenne puis la méthode de maximum de vraisemblance. Enfin, nous allons présenter la méthode d'annulations successives d'interférences ordonnées.

6.3.1 La méthode de forçage à zéro

Le récepteur de forçage à zéro (ZF : Zero Forcing) est le récepteur le plus simple. Il est basé sur l'inversion de la matrice H du canal. Cette matrice doit être carrée et inversible, ainsi les symboles estimés sont égaux à :

$$\hat{s} = H^{-1}.y = s + H^{-1}.b \tag{2.48}$$

Pour les faibles RSB, la contribution du bruit dans l'estimation des symboles va fortement perturber le récepteur ZF. Par contre pour des RSB plus élevés, le récepteur ZF donne des résultats corrects. Dans la pratique la matrice H n'est pas forcément carrée (N≠M), ainsi les symboles estimés sont en faite égaux à :

$$\hat{s} = (H^*.H)^{-1}.H^*.y$$ (2.49)

6.3.2 La méthode de minimisation de l'erreur quadratique moyenne

Un autre récepteur linéaire est le récepteur qui minimise l'erreur quadratique moyenne (MMSE : Minimum Mean Square Error). Contrairement au ZF qui inverse juste le canal et qui augmente donc le niveau de bruit, ce récepteur minimise l'erreur globale due à la contribution du bruit et à l'interférence mutuelle des signaux ce qui fait qu'il résiste mieux au bruit en ne séparant pas parfaitement les sous-canaux. L'expression des symboles estimés est donnée par :

$$\hat{s} = \left(H^*.H + \frac{N}{\rho}.I_{N \times M}\right)^{-1}.H^*.y$$ (2.50)

6.3.3 La méthode de maximum de vraisemblance

Les meilleures performances en termes de taux d'erreur sont obtenues par le récepteur utilisant le Maximum de Vraisemblance (MV). Après avoir estimé en réception la matrice canal, ce récepteur génère la constellation de tous les symboles possibles et recherche la distance minimale entre le symbole reçu et les symboles générés :

$$\hat{s} = \arg \min_{s} \|y - H.s\|^2$$ (2.51)

Ce récepteur est optimal si les symboles sont équiprobables et si les N canaux sont indépendantes. Cette méthode a le désavantage de devenir complexe lorsque le nombre d'utilisateurs augmente.

6.3.4 La méthode V-BLAST

Les méthodes linéaires précédemment citées ne sont pas toujours satisfaisantes : le MV est très performant au prix d'un nombre exorbitant de tests, le ZF sépare parfaitement les symboles mais la contribution du bruit reste élevé, le MMSE est moins sensible au bruit que le ZF mais n'enlève pas toute les interférences inter-symboles.

L'algorithme V-BLAST (Vertical - Bell Laboratories Layered Space Time) se base sur une égalisation, soit par le critère du ZF ou de la MMSE, avec un retour de décision [43]. Il utilise l'annulation successive de la contribution des symboles pour les estimer un à un. Cet algorithme augmente les performances de l'estimateur en contrepartie d'une complexité accrue au niveau du récepteur. La procédure du V-BLAST est la suivante : la donnée ayant la puissance la plus forte est déterminée et le symbole émis par l'émetteur correspondant est estimé. Ensuite la contribution de ce symbole est annulée et l'opération est répétée pour les N-1 symboles restants jusqu'à ce que tous les symboles soient estimés.

7 Étude des effets qui dégradent la performance d'un lien MGDM

7.1 Introduction

Dans les paragraphes précédents nous avons étudié l'amélioration qu'on peut faire sur une transmission MGDM. Nous avons vu aussi la possibilité d'effectuer une pré-égalisation avant l'émission des symboles. Cette pré-égalisation permet de modéliser un système MGDM comme un système diagonal équivalent à plusieurs systèmes uni-utilisateurs parallèles. Nous avons décrit une méthode de diagonalisation du système MGDM et quelques précodeurs optimisant la transmission suivant différents critères de qualité. Nous avons étudié aussi les différentes méthodes de réception radio et qui peuvent être utilisé en télécommunication optique. Dans cette partie nous allons étudier les effets qui peuvent perturber et qui dégradent la performance de transmission d'un système MGDM.

7.2 Étude de l'effet du bruit

Pour un lien MGDM (M×N), chaque signal transmis se propage avec différents groupes de modes. A cause de cette caractéristique du système, la performance d'un lien MGDM peut être affectée par plusieurs types de bruits. Dans ce qui suit on va étudier l'effet de chacun de ses bruits.

7.2.1 Effet du bruit thermique et du bruit d'injection

Le signal transmis estimé ($\hat{s}$) d'un lien MGDM est donné par :

$$\hat{s} = H^{-1} . y + b_{de} \qquad (2.52)$$

avec b_{de} est un vecteur de taille (M×1) représentant le bruit dût aux circuits de démultiplexage. Si le système (N×N) est inversible, la matrice H^{-1} représente la matrice inverse de H. Si non, les interférences vont réduire les performances du système. En utilisant l'équation 2.52, le signal ($\hat{s}$) devient :

$$\hat{s} = s + H^{-1} . b + b_{de} \qquad (2.53)$$

55

Cette équation montre que le terme (H⁻¹.b) affecte la qualité de transmission se manifestant dans le rapport signal sur bruit (SNR). Cette dégradation de puissance va être calculée dans ce qui se suit. La source de bruit va être aussi analysée.

En ce qui concerne le bruit d'injection, il est dût aux phénomènes de discrétisation des photons et des électrons ainsi que la recombinaison stochastique trou-électron dans les semi-conducteurs. Il présente la principale limite des récepteurs pour un lien optique.

En ce qui concerne le bruit thermique, il est dût à la variation aléatoire de la température du au mouvement des électrons dans un lieu conducteur électrique et il est proportionnel à une température absolue. Ces deux types de bruit doivent être ajoutés au signal reçu. Notons le terme SNR$_j$, le SNR du j^{ème} signal électrique au niveau récepteur du lien MGDM. Ce paramètre est donné par [44] :

$$SNR_j = \frac{(R.P_j)^2}{\sigma_j^2} \tag{2.54}$$

avec R est la réceptivité du détecteur, P$_i$ est le part de puissance optique du j^{ème} groupe de mode et σ_j^2 la variance du bruit. On a supposé que tous les détecteurs ont la même réceptivité. La variance du bruit pour le j^{ème} signal électrique de sortie est donnée par :

$$\sigma_j^2 = E\left[\left(\sum_{k=1}^{M} h_{j,k}^{-1}.b_k\right)^2\right] = \sum_{k=1}^{M}\left(h_{j,k}^{-1}\right)^2.Var(b_k) \tag{2.55}$$

Avec b$_k$ les valeurs statistiques indépendantes des éléments du vecteur bruit b ayant une moyenne et une espérance E nulle. La notation Var présente la variance aléatoire des variables.

Si le bruit est dominé par le bruit thermique ce la signifie que $Var(b_k)$ est indépendant de la puissance optique $\left(\sum_{l=1}^{N} h_{k,l}. P_l\right)$, tandis que si le bruit d'injection est dominant $Var(b_k)$ est proportionnelle à cette puissance. Le SNR pour le cas d'un seul faisceau est $SNR_0=(RP_0)/Var(b_k)$, avec P_0 la puissance moyenne reçu. Si on suppose que tout les faisceaux ont le même SNR c.-à-d. $SNR_0 = SNR_k$ mais P_0 est différente de P_k, la dégradation de la puissance optique sera dût au bruit thermique et elle est donnée par :

$$\left.\frac{P_j}{P_0}\right|_{th} = \sqrt{\sum_{k=1}^{M}\left(h_{j,k}^{-1}\right)^2} \qquad (2.56)$$

Si P_0 est égale à P_k, la dégradation de la puissance optique sera dût au bruit d'injection et elle est donnée par :

$$\left.\frac{P_j}{P_0}\right|_{inj} = \sum_{k=1}^{M} \sum_{l=1}^{N}\left(h_{j,k}^{-1}\right)^2 . h_{k,l} \qquad (2.57)$$

7.2.2 Effet du bruit d'intensité

La puissance optique reçue peut avoir des fluctuations lorsque les lasers sont commandés par un courant constant. Ce ci est dut à l'émission spontanée et l'effet de recombinaison des paires électrons-trous. La fluctuation de l'intensité du courant des lasers comme étant des semi-conducteurs est dût à l'émission spontanée. Cet effet est appelé effet de bruit d'intensité relative ou Relative Intensity Noise (RIN) et peut diminuer le SNR du système. Pour un Lien MGDM le signal reçu en présence de cet effet est donné par [45] :

$$y = H.s + b_{RIN} + b \qquad (2.58)$$

57

Avec b_{RIN} est le vecteur bruit du signal RIN. L'inversion de la matrice H ne va pas modifier la variance du RIN d'où l'équation 2.59.

$$H^{-1} \cdot y = s + b_{RIN} + H^{-1} \cdot b \qquad (2.59)$$

7.3 Étude de l'effet de la courbure de la fibre

Pendant l'installation, la fibre optique peut subir plusieurs effets mécaniques qui provoquent des pertes de puissance et des mélanges de modes dans la fibre [46]. Comme le chemin optique n'est pas forcément une ligne droite, la fibre optique est sensible à la courbure [47-48]. A fin de déterminer la nouvelle distribution de la puissance modale à la sortie de la fibre courbée associée à chaque canal MGDM, on va décomposer la fibre courbée en N_c sections successives qui ont la même longueur l telle que l = R_c.α/N. La figure 2.12 présente une géométrie simple de cette courbure à un rayon fixe R_c et une ouverture angulaire α.

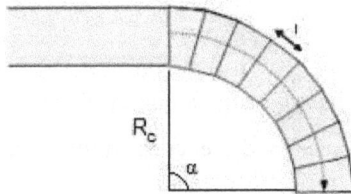

FIGURE 2.12 – Courbure de la fibre –

Chaque section excite un nouveau groupe de mode à l'entrée de la section suivante. A la sortie de la dernière section, nous pouvons déterminer la somme des GM de la courbure totale. Nous supposons que chaque section est inclinée d'un angle θ par

58

rapport à la section suivante. La figure 2.13 montre la géométrie de deux sections successives.

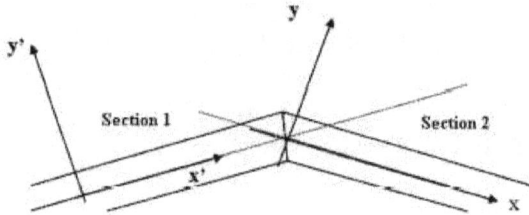

FIGURE 2.13 – Géométrie des deux sections successives dans une fibre courbée –

Les modes (μ,ν) se propagent dans la section 1 avec une amplitude modale de sortie $a_{\mu,\nu}(l)$. A l'entrée de la section 2, l'amplitude modale $a_{\mu',\nu'}(0)$ des modes excités calculée par l'intégrale overlap est donnée par :

$$a_{\mu',\nu'}(0) = \iint \left(\overrightarrow{E_1} \times \overrightarrow{H_2^*}\right) . U_z . dA \qquad (2.60)$$

où $\overrightarrow{E_1}$ et $\overrightarrow{H_2^*}$ désignent les champs magnétique et électrique dans les sections 1 et 2 respectivement. L'amplitude des modes excités en fonction de $a_{\mu,\nu}(l)$ est donnée par :

$$a_{\mu',\nu'}(0) = \sum_{\mu,\nu} a_{\mu,\nu}(l) . \iint \left(\overrightarrow{E}_{(\mu,\nu)_1} \times \overrightarrow{E}_{(\mu',\nu')_2}\right) . U_z . dA$$

$$= \sum_{\mu,\nu} a_{\mu,\nu}(l) . C_{\mu,\nu}^{\mu',\nu'} \qquad (2.61)$$

avec $C_{\mu,\nu}^{\mu',\nu'}$ est le coefficient de couplage. L'équation 2.61 doit être répétée N_s fois pour déterminer l'amplitude modale à l'entrée de la dernière section de la fibre courbée. L'amplitude modale est calculée pour chaque offset à l'entrée de la section droite de la fibre. La détermination du coefficient de couplage et de l'amplitude modale est faite par calcul numérique en utilisant Matlab.

Pour une fibre parabolique, le couplage de modes entre deux sections de la partie courbée aura lieu seulement entre les modes de même polarisation et de même orientation. Les coefficients de couplage entre les modes E_x et les modes E_y, sont égaux respectivement [49]. C'est pour cela que seuls les modes E_x sont pris en considération dans les calculs. Le coefficient de couplage sera déterminé alors par [50] :

$$C_{\mu,\nu}^{\mu',\nu'} =$$

$$\begin{cases} \frac{w_0}{2}.\exp(\eta^2).\pi.2^{\mu+\nu}.\mu!.\nu!.\eta^{\nu-\nu'}.L_\nu^{\nu-\nu'}.(-2.\eta^2)\ si\ \nu \leq \nu' \\ \frac{w_0}{2}.\exp(\eta^2).\pi.2^{\mu+\nu'}.\mu!.\nu'!.\eta^{\nu'-\nu}.L_{\nu'}^{\nu'-\nu}.(-2.\eta^2)si\ \nu \geq \nu' \quad (2.62) \\ 0 \qquad\qquad\qquad\qquad\qquad\qquad\qquad\qquad\quad si\ \mu \neq \mu' \end{cases}$$

avec $\eta = \frac{-i.k.\theta.w_0}{2\sqrt{2}}$, L étant la fonction de Gauss-Laguerre. La détermination analytique du coefficient de couplage suivie par la détermination d'amplitude modal de la courbure à la sortie de la section nous permet de déterminer la redistribution modale à la sortie de la partie courbée de la fibre associée à chaque canal MGDM.

Le calcul de l'amplitude modal dépend du nombre de sections courbées (N_c). Plus ce nombre est grand, plus nous nous approchons du cas pratique de la courbure uniforme. De plus, à fin de déterminer le nombre optimal de sections, on doit déterminer la variation du facteur d'orthogonalité du canal en fonction du nombre de sections N_c. Le paramètre qui mesure l'orthogonalité entre les différents canaux optiques à la réception est le facteur d'interférence optique (σ'_i). Ce paramètre est donné par :

60

$$\sigma'_i = 10 \, . \, log_{10} \left(\frac{\sum_{i \neq j} h_{i,j}}{h_{i,i}} \right) \tag{2.63}$$

Il mesure l'orthogonalité entre les récepteurs et nous permet de déterminer le meilleur récepteur. Il permet d'étudier aussi l'interférence d'un récepteur par rapport aux autres. Dans le cas d'une courbure non uniforme (R_c variable), nous décomposons la partie courbée en une série de M_c sections uniformément courbées (comprenant chacun N_c éléments). La détermination de la fonction du transfert du canal MGDM avec courbure est similaire à celle sans courbure mais avec une modification dans la re-détermination de l'amplitude modale à la sortie de la courbure. Le choix du nombre de sections uniformément courbées M_c dépend de la stabilité dans les valeurs de la matrice H. Ainsi, il doit être pris de telle façon que l'angle α entre les sections soit faible (<5°).

8 Conclusion

Dans ce chapitre nous avons présenté un modèle analytique pour le système MGDM (M×N) en tenant compte des conditions d'émission et de réception. Un algorithme de calcul de la matrice du transfert et de la capacité du canal MGDM a été aussi proposé. Ensuite, nous avons présenté les meilleures conditions d'émission et de réceptions (offset, spot size, longueur d'onde, inclinaison et rayons des surfaces des détecteurs) afin d'améliorer la capacité du système. Nous avons put aussi améliorer l'architecture d'un système MGDM classique afin d'augmenter sa stabilité et la simplicité des modules qui le compose. L'optimisation générale d'un tel système est établit à l'aide de la diagonalisation de la matrice de transfert H. Nous avons décrit alors la méthode de diagonalisation du canal ainsi que les différentes étapes qui le constitue.

En partant de l'hypothèse où le système est diagonal, nous avons décrit un processus de virtualisation de H afin d'exprimer les précodeurs de façon simple. Ensuite, nous

61

avons présenté différent types de précodeurs utilisés dans le domaine radio. Nous avons vu que le WF maximise la capacité, l'EQMM minimise l'erreur quadratique moyenne en réception, le QdS permet de régler les écarts des RSB reçus entre les canaux de données et l'EE répartit la puissance afin d'avoir le même taux d'erreur binaire entre les voies.

En ce qui concerne l'estimation des symboles, nous avons vu que le récepteur le plus simple, le forçage à zéro (ZF), est sensible au bruit et que la minimisation de l'erreur quadratique moyenne (EQMM) n'enlève pas toute l'IES. Le récepteur maximum de vraisemblance (MV) estime le mieux les symboles au prix d'un nombre de calculs exorbitant dès que le nombre d'utilisateurs croît. Un compromis entre temps de calcul et efficacité est trouvé par le récepteur à annulations successives d'interférences, le V-BLAST.

En fin, nous avons étudié les effets qui perturbent la propagation et dégradent la performance d'une transmission MGDM par fibre optique MMF. Nous avons montré que le bruit thermique, le bruit d'injection bruit, le bruit d'intensité et la courbure de la fibre sont les principaux phénomènes mécaniques qui agissent sur la transmission par multiplexage MGDM.

Chapitre 3

Le Système MGDM (3×3)

1 Introduction

Pour un système MGDM (3×3), trois canaux quasi-séparés sont créés dans une fibre GI-MMF par l'injection de la lumière à 3 offsets différents. Chaque émetteur lance un signal de données sur un groupe différent de modes (multiplexage spatial). Un mélange de modes dans la fibre provoque une diaphonie entre les Groupes de Mode (GM) d'où une interférence entre les signaux. Chaque récepteur spatialement sélectif détecte une partie différente de l'intensité générée par le GM. Le signal de sortie de chaque détecteur est un mélange de 3 signaux. La lumière est diffusée selon l'offset dans 3 zones circulaires différentes. Le système MGDM (3×3) est choisit pour être étudié ici puisqu'il est d'un grand intérêt dans les réseaux LAN du faite qu'on a besoin de transmettre au maximum trois signaux (un pour les services radio et deux pour les services en bande de base). Pour nos résultats de simulations, nous utilisons un moyen de calcul numérique (Matlab). La programmation est effectuée pour différents types de fibre MMF et plusieurs longueurs d'ondes. La longueur de fibre utilisée pour la simulation est de 100m.

Dans ce chapitre, nous étudions les meilleures conditions d'émission et de réception pour un système MGDM (3×3). Nous présentons aussi la variation de la capacité du MMF avec ces conditions et nous la comparons avec celle trouvé dans la littérature. Un modèle du système sera aussi proposé. Par la suite, nous présentons les résultats des étapes de diagonalisation de ce lien MGDM (3×3) dans son modèle amélioré décrit dans le chapitre précédent. Les critères de qualité des systèmes de précodage sont aussi analysés. Enfin, nous étudions l'effet des perturbations mécaniques sur ce système ainsi que l'influence de la longueur de la fibre, le nombre d'utilisateurs, le choix du canal et le débit binaire.

2 Optimisation des conditions d'émission et de réception

2.1 Choix des paramètres d'injection

Les spots size et les offsets radiales optimales sont celles qui correspondent à un nombre de groupe de mode minimale excité. Ces deux paramètres dépendent aussi de la longueur d'onde utilisée et du type de la fibre. Le nombre de groupes de modes excités donné par la relation (2.11) montre que le nombre de mode dépond à la fois du spot size (w) et de l'offset radial (F). Plusieurs études se base sur la recherche de chaque paramètre séparément [51-52], mais ce ci ne permet pas une résolution mathématique correcte. Car fixer l'un des deux paramètres et chercher l'autre ne permet pas de trouver forcement le nombre de groupe minimale. Donc le calcul de ces deux paramètres doit se faire simultanément en respectant aussi la géométrie réelle de la fibre c.-à-d. pour un lien MGDM (3×3) les trois faisceaux lumineux d'excitations de rayon respectifs w1, w2 et w3 doivent satisfaire à une injection réelle de la lumière comme présenté à la figure 3.1. Les paramètres ε2, ε3 et ε4, montré dans la figure, sont des distances de séparation expliquées en détail au fur et à mesure.

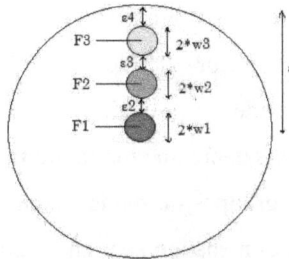

FIGURE 3.1 – Paramètres d'excitations de la fibre du système étudié –

Commençons alors par chercher les deux premiers paramètres d'excitations w1 et F1. Pour ce faire, la programmation Matlab a été élaboré en utilisant deux types de fibre GI-MMF (50/125µm) et GI-MMF (62.5/125µm) et différents longueurs d'ondes λ1=850nm, λ2=1300nm et λ3=1550nm. Les contraintes physiques du système étudié, exige que le premier spot size à chercher doit notamment être inférieur au rayon de la fibre et aussi doit être non nul car physiquement c'est le rayon lumineux du laser d'injection donc il doit être supérieurs ou égale à un rayon minimale ε1 de l'ordre de quelque µm c.-à-d. mathématiquement on a :

$$\varepsilon1 \leq w1 \leq a \tag{3.1}$$

avec a est le rayon de la fibre en µm. Pour les même logiques de résolution mathématique et physique du problème, le premier offset radiale F1 doit être inférieur au rayon de la fibre c.-à-d. on a :

$$0 \leq F1 \leq a \tag{3.2}$$

Les résultats de simulations des deux premiers paramètres d'excitations pour une fibre GI-MMF (50/125µm) donne deux injections possibles soit à w1=7µm, F1=0µm et une longueur d'onde λ1=850nm, soit à w1=3µm, F1=0µm et une longueur d'onde λ1=1550nm. Pour le cas d'une fibre GI-MMF (62.5/125µm) les paramètres d'excitations trouvés donne la possibilité aussi de deux cas d'injections soit à w1=3µm, F1=0µm et une longueur d'onde λ1=1550 nm ou bien à w1=8µm, F1=0µm et une longueur d'onde λ1=850nm. Cette diversité du choix selon la longueur d'onde donne aux utilisateurs une meilleure flexibilité. La figure 3.2 montre le changement du nombre de groupes de modes excités en fonction du spot size w tandis que la figure 3.3 montre son changement en fonction de l'offset radial (F).

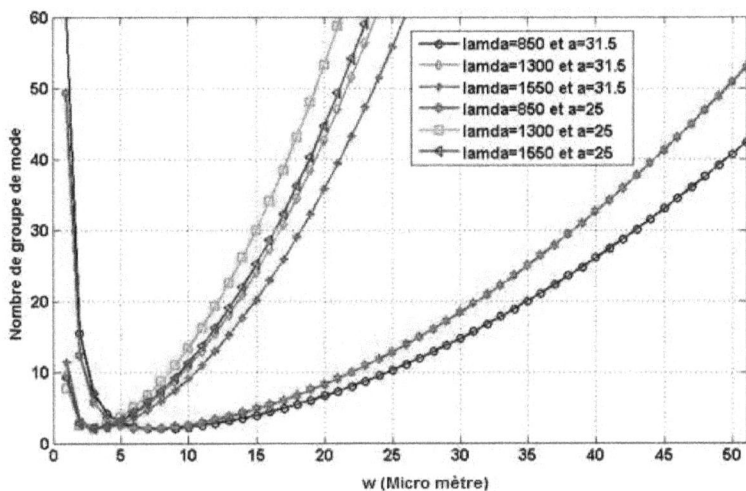

FIGURE 3.2 – Variation du nombre de groupe de modes excités en fonction du spot size à différents longueurs d'ondes pour deux types de fibres pour le cas du premier émetteur –

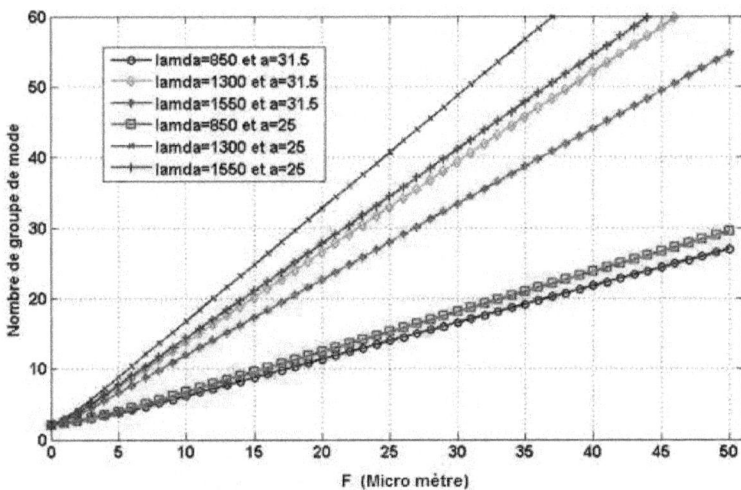

FIGURE 3.3 – Variation du nombre de groupe de modes excités en fonction de l'offset radial à différents longueurs d'ondes pour deux types de fibres pour le cas du premier émetteur –

Cherchons maintenant, les seconds paramètres d'injections qui donnent une meilleure excitation. Les contraintes physiques dans ce cas exigent que ce deuxième rayon lumineux de spot size w2 et d'offset radial F2 soit éloigné d'une distance ε2 de l'ordre de quelque μm dans la zone restante du rayon de la fibre principalement excité par un rayon lumineux de spot size w1 et d'offset radial F1=0μm, donc mathématiquement on a :

$$\varepsilon1 \leq 2.w2 \leq a\text{-}w1\text{-}\varepsilon2 \tag{3.3}$$

et

$$w1+\varepsilon2 \leq F2 \leq a \tag{3.4}$$

Les résultats de simulations des deux seconds paramètres d'excitations pour une fibre GI-MMF (50/125μm) sont w2=4μm, F2=17μm et une longueur d'onde λ2=850nm. Pour le cas d'une fibre GI-MMF (62.5/125μm) les paramètres d'excitations trouvés sont w2=5μm, F2=17μm et une longueur d'onde λ2=850nm. La figure 3.4 montre le changement du nombre de groupes de modes excités en fonction du spot size w tandis que la figure 3.5 montre son changement en fonction de l'offset radial (F).

Cherchons maintenant, les troisièmes paramètres d'injections. Les contraintes physiques pour ce cas exigent que ce rayon lumineux de spot size w3 et d'offset radial F3 soit éloigné aussi d'une distance ε3 de l'ordre de quelque μm dans la zone restante du rayon de la fibre excité par les deux rayons lumineux, le premier avec un spot size w1 et un offset radial F1=0μm et le deuxième avec un spot size w2 et un offset radial F2, donc mathématiquement on a :

$$\varepsilon1 \leq 2*w3 \leq a\text{-}w1\text{-}2*w2\text{-}\varepsilon2\text{-}\varepsilon3 \tag{3.5}$$

et

$$F2+w2+\varepsilon3 \leq F3 \leq a \tag{3.6}$$

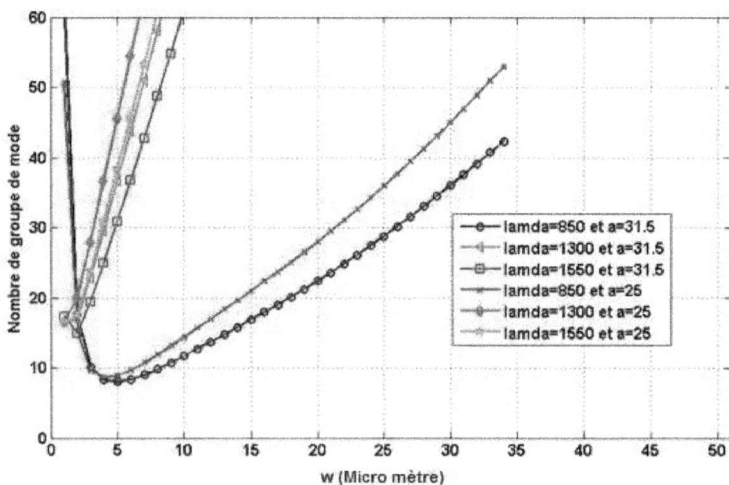

FIGURE 3.4 – Variation du nombre de groupe de modes excités en fonction du spot size à différents longueurs d'ondes pour deux types de fibres pour le cas du second émetteur –

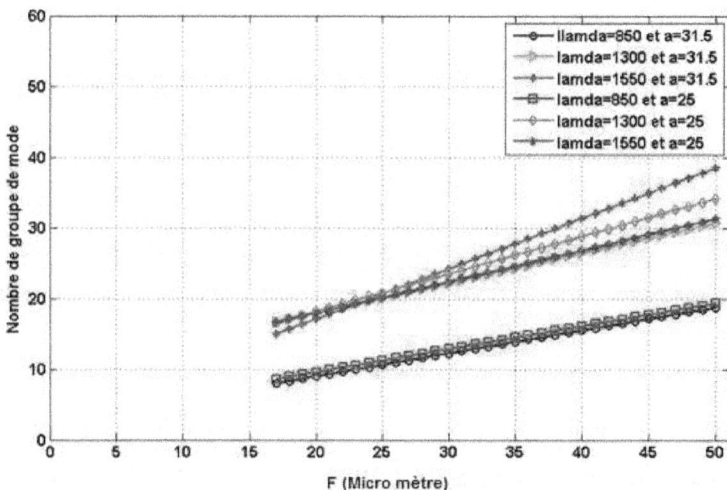

FIGURE 3.5 – Variation du nombre de groupe de modes excités en fonction de l'offset radial à différents longueurs d'ondes pour deux types de fibres pour le cas du second émetteur –

Les résultats de simulations des troisièmes paramètres d'excitations pour une fibre GI-MMF (50/125μm) donnent : w3=4μm, F3=27μm et une longueur d'onde λ3=850nm. Pour le cas d'une fibre GI-MMF (62.5/125μm) les paramètres d'excitations trouvés sont : w3=4μm, F3=27μm et une longueur d'onde λ3=850nm. La figure 3.6 montre le changement du nombre de groupes de modes excités en fonction du spot size w tandis que la figure 3.7 montre son changement en fonction de l'offset radial (F).

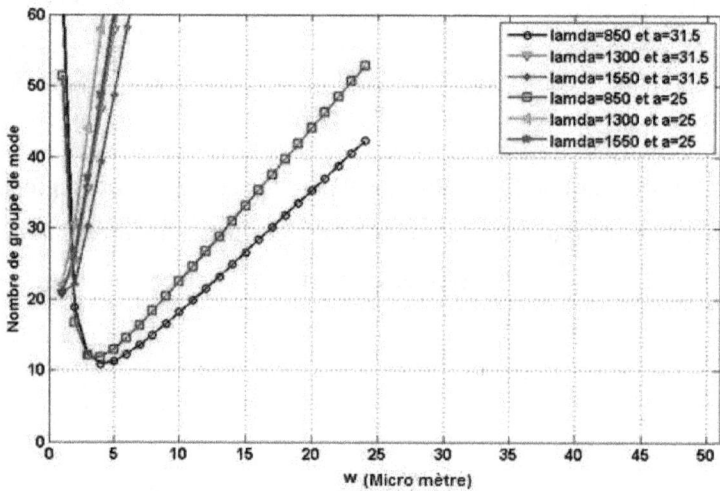

FIGURE 3.6 – Variation du nombre de groupe de modes excités en fonction du spot size à différents longueurs d'ondes pour deux types de fibres pour le cas du troisième émetteur –

Les résultats ainsi trouvés ne sont pas considéré comme correcte que s'ils satisfirent les contraintes physiques suivantes :

$$w1 + 2.w2 + 2.w3 + \varepsilon2 + \varepsilon3 + \varepsilon4 \leq a \qquad (3.7)$$

avec ε4 est une distance de l'ordre de quelque µm représentant une marge physique d'injection séparant le troisième émetteur de la gaine de la fibre. Donc, si on n'a pas satisfait cette relation, on doit refaire tous les calculs. Heureusement, les résultats de simulation trouvés satisfirent bien cette relation.

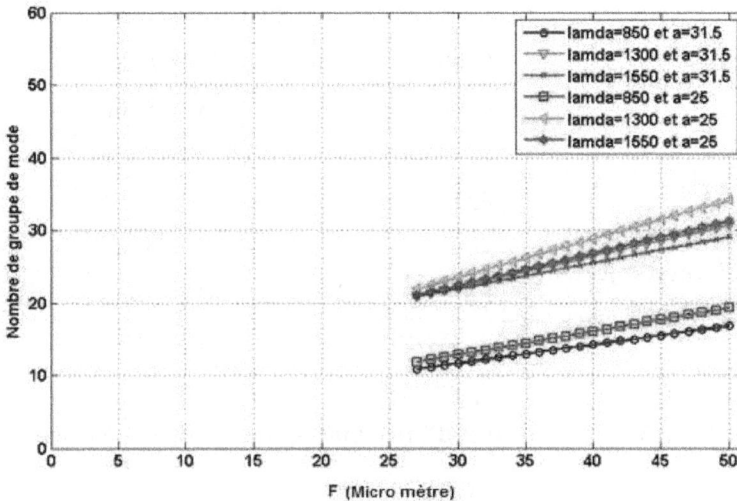

FIGURE 3.7 – Variation du nombre de groupe de modes excités en fonction de l'offset radial à différents longueurs d'ondes pour deux types de fibres pour le cas du troisième émetteur –

2.2 Calcul de l'offset angulaire optimal (θ)

Pour un flux lumineux incident, l'angle optimal qui présente un maximum d'intensité lumineuse à la sortie du récepteur et qui correspond à un nombre minimale de groupe de modes excités est lié à l'offset radial (F) par l'équation (2.12). Un programme Matlab est réalisé pour le calcul de l'offset angulaire optimal. Le tableau 3.1 récapitule les paramètres d'injections optimaux du système étudié.

	GI-MMF (50/125µm)	GI-MMF (62.5/125µm)
Paramètres d'injection optimaux du 1er émetteur	w1=7µm F1=0µm } λ=850nm θ1=0° w1=3µm F1=0µm } λ=1550nm θ1=0°	w1=8µm F1=0µm } λ=850nm θ1=0° w1=3µm F1=0µm } λ=1550nm θ1=0°
Paramètres d'injection optimaux du 2ème émetteur	w2=4µm F2=17µm } λ=850nm θ2=3.6442°	w2=5µm F2=17µm } λ=850nm θ2=2.9126°
Paramètres d'injection optimaux du 3ème émetteur	w3=4µm F3=27µm } λ=850nm θ3=5.818°	w3=4µm F3=27µm } λ=850nm θ3=4.638°

TABLEAU 3.1 – Paramètres d'injections optimaux du système étudié –

Pour le cas d'une fibre GI-MMF (50/125µm) et une excitation de F1=0µm, θ1 est de 0°. Pour une excitation de F2=17µm, θ2 est de 3.6442°. Tandis que pour une excitation de F3=27µm, θ3 est de 5.818°. Pour le cas d'une fibre GI-MMF (62.5/125µm) et une excitation de F1=0µm, θ1 est de 0°. Pour une excitation de F2=17µm, θ2 est de 2.9126°. Tandis que pour une excitation de F3=27µm, θ3 est de 4.638°.

2.3 Choix des paramètres de réception

Pour le canal fondamental (F=0µm), la surface de la zone à la réception est circulaire centrée sur l'axe de la fibre avec un rayon r1, tandis que le récepteur concernant le 2ème canal est déterminé par un zone annulaire (r1< r < r2), r1 et r2 sont choisis de telle manière que le maximum de l'intensité lumineuse émise par l'émetteur i soit reçu par la zone i correspondante, afin que l'interférence entre les canaux soit la plus faible possible. Le 3ème canal est reçu sur la surface restante du cœur de la fibre. La figure 3.8 représente la décomposition de la facette de sortie de la fibre en 3 sections.

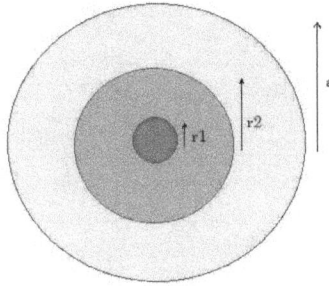

FIGURE 3.8 – Facette de sortie de la fibre pour 3 récepteurs –

Les résultats de simulations pour une fibre GI-MMF (50/125µm) avec les paramètres d'excitations: w1=3µm, F1=0µm, w2=4µm, F2=17µm, w3=4µm et F3=27 µm, donnent les paramètres de réceptions: r1=8µm et r2=23µm. Pour le même type de fibre et une excitation avec les paramètres : w1=7µm, F1=0µm, w2=4µm, F2=17µm, w3=4µm et F3=27µm, les paramètres de réceptions trouvés sont : r1=10µm et r2=23µm. Pour le cas d'une fibre GI-MMF (62.5/125µm) avec les paramètres d'excitations : w1=3µm, F1=0µm, w2=5µm, F2=17µm, w3=4µm et F3=27µm les paramètres de réceptions trouvés sont : r1=7µm et r2=23µm. Pour le même type de fibre et une excitation avec les paramètres : w1=8µm, F1=0µm, w2=5µm, F2=17µm, w3=4µm et F3=27µm, les paramètres de réceptions trouvés sont : r1=11µm et r2=23µm.

Le choix des paramètres d'excitations et de réceptions réalisé peut être résumé par le diagramme présenté par la figure 3.9. Ce diagramme décrit les étapes de calcul des conditions optimales d'émission et de réception.

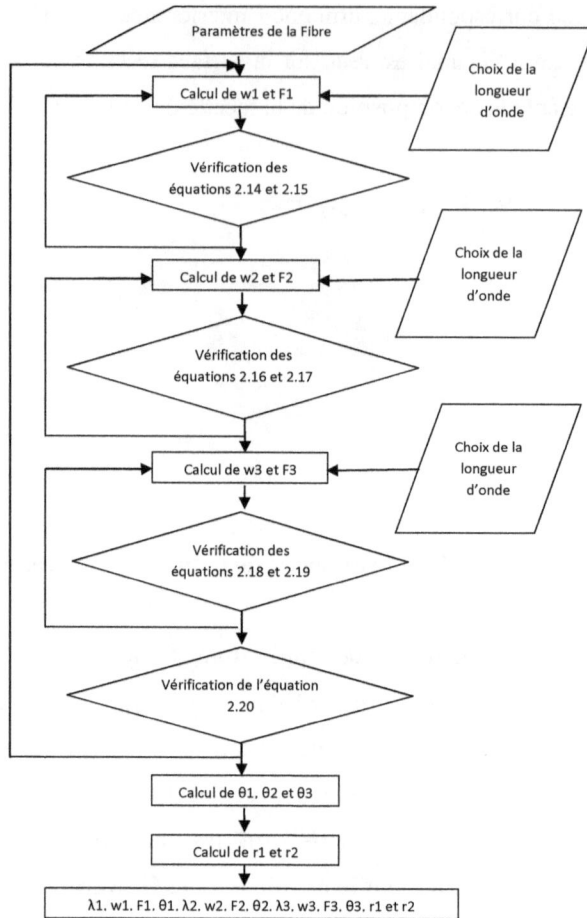

FIGURE 3.9 – Diagramme d'optimisation –

2.4 Calcul de la matrice H

Le calcul de la matrice du transfert présente la phase principale pour calculer la capacité du système. Ce calcul est généré par programmation Matlab en utilisant le diagramme présenté par la figure 2.3.

La matrice du système étudié pour le cas d'une fibre GI-MMF (50/125μm) avec les paramètres d'excitations : w1=7μm, F1=0μm, λ1=850nm, θ1=0°, w2=4μm, F2=17μm, λ2=850nm, θ2=3.6442°, w3=4μm, F3=27μm, λ3=850nm, θ3=5.818° et avec les paramètres de réceptions : r1=8μm et r2=23μm est donnée par :

$$H = \begin{bmatrix} 0.8200 & 0.0854 & 0.0752 \\ 0.1708 & 0.8290 & 0.2050 \\ 0.0092 & 0.0856 & 0.7198 \end{bmatrix}$$

Pour le cas d'une fibre GI-MMF (62.5/125μm) avec les paramètres d'excitations : w1=8μm, F1=0μm, λ1=850nm, θ1=0°, w2=5μm, F2=17μm, λ2=850nm, θ2=2.9126°, w3=4μm, F3=27μm, λ3=850nm, θ3=4.638 et avec les paramètres de réceptions : r1=7μm et r2=23μm, la matrice H est donnée par :

$$H = \begin{bmatrix} 0.9120 & 0.1153 & 0.0641 \\ 0.0874 & 0.8765 & 0.1921 \\ 0.0006 & 0.0082 & 0.7438 \end{bmatrix}$$

Le système MGDM est semblable au MIMO radio, l'étude de la caractéristique du canal MGDM peut être identique à celle pour le canal MIMO. Le nombre de modes excités pour chaque canal ainsi que les modes communs entre les canaux dépendent de l'excitation à l'entrée de la fibre. Dans la suite on présente l'influence de ces paramètres sur la capacité du système MGDM étudié.

2.5 Calcul de la capacité du système

La technique MGDM exploite au maximum la bande passante de la fibre par une excitation focalisée et augmente la capacité de la fibre au moyen d'injections et de réceptions spatiales de lumière. Les conditions d'excitations et de réceptions sont les éléments principaux pour la réalisation de cette technique. La modification de ces caractéristiques agit sur la capacité ainsi que sur la qualité de transmission. Afin d'approuver la performance de notre système nous allons calculer sa capacité exprimée par l'équation (2.10) en fonction du Rapport Signal sur Bruit (SNR) et la comparer avec d'autres systèmes étudié avec d'autres conditions d'excitations et de réceptions. C. P. Tserkrekos, dans [51], et M. Awad, dans [52], trouvent d'autres conditions d'excitations et de réception données dans le tableau 3.2.

GI-MMF (50/125µm)	GI-MMF (62.5/125µm)
F1=0µm, F2=13µm, F3=26µm	F1=0µm, F2=13µm, F3=26µm
w1=w2=w3=w=4µm	w1=w2=w3=w=4µm
$\theta 1=\theta 2=\theta 3=0°$	$\theta 1=\theta 2=\theta 3=0°$
$\lambda 1=\lambda 2=\lambda 3=850nm$	$\lambda 1=\lambda 2=\lambda 3=850nm$
r1=7µm, r2=16µm	r1=7µm, r2=16µm

TABLEAU 3.2 – Paramètres d'injections et de réceptions optimales utilisés dans [51] et [52] –

La figure 3.10 montre la variation de la capacité de notre système et la compare avec celle du système proposé par Awad et Tserkrekos, celle d'un système MGDM (2×2) et aussi celle d'un lien SISO (Single Input Single Output) pour le cas d'une fibre GI-MMF (62.5/125µm), tandis que la figure 3.11 montre cette variation pour le cas d'une fibre GI-MMF (50/125µm).

Les deux figures montrent bien le gain en capacité que peut ramener notre système, d'où l'intérêt de proposer un modèle MGDM se basant sur les paramètres d'injection et de réception optimaux trouvés.

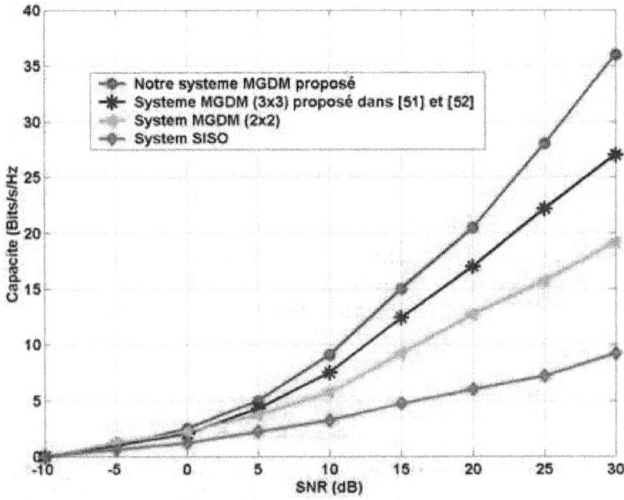

FIGURE 3.10 – Comparaison de la capacité de différents systèmes MGDM pour le cas d'une fibre GI-MMF (62.5/125μm) –

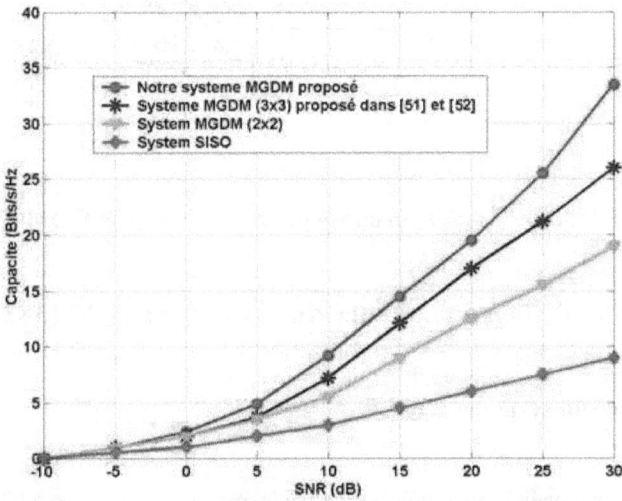

FIGURE 3.11 – Comparaison de la capacité de différents systèmes MGDM pour le cas d'une fibre GI-MMF (50/125μm) –

3 Modèle proposé

Dans ce paragraphe nous proposons un modèle pour le système MGDM (3×3) comme il est présenté dans la figure 3.12. La fibre MMF est présentée comme un canal à trajets multiples. Les 3 signaux reçus sont liés à ceux qui sont transmis à travers la matrice de transmission H de taille (3×3) avec les éléments h_{ij} (i,j=1,2,3) trouvés. Ce modèle utilise des émetteurs et des récepteurs avec les conditions optimales d'injection et de réception.

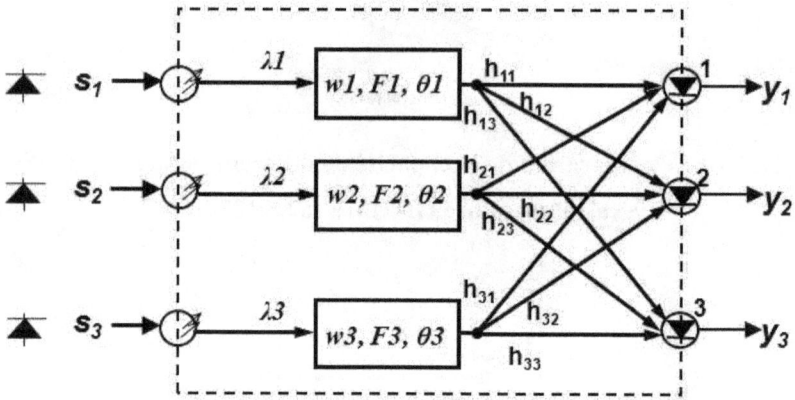

FIGURE 3.12 – Modèle proposé pour un système MGDM (3×3) –

4 Amélioration de la performance du système MGDM (3×3)

4.1 Architecture du système

L'architecture proposée pour améliorer la performance du système MGDM (3×3) est présenté par la figure 3.13. Comme on a vu au chapitre précédent, la diagonalisation du système va se faire par l'intermédiaire de la matrice de précodage F et de la matrice de décodage G.

Pour le cas de ce lien la matrice du canal H est de taille (3×3), F est de taille (3×Ns), G est de taille (N$_s$×3), le vecteur symbole émis s est de taille (N$_s$×1), le vecteur de bruit b est de taille (3×1) et le vecteur reçu y est de taille (3×1). Le nombre de symboles émis simultanément N$_s$ est inférieur ou égal à 3.

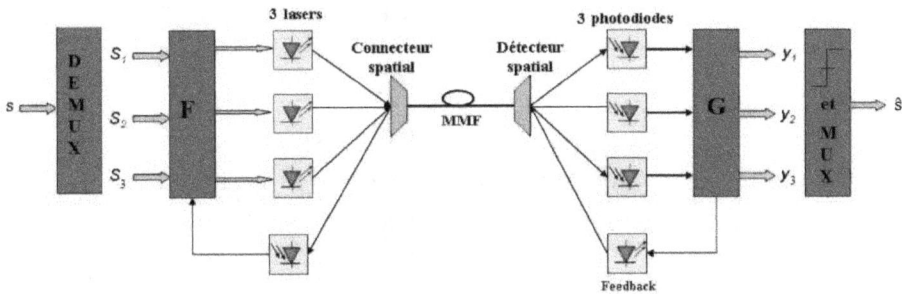

FIGURE 3.13 – Architecture du modèle simulé –

Dans la suite nous allons procéder à la diagonalisation du canal. Les résultats de simulation seront repartis sur les deux cas étudié. Un cas 1, en utilisant une fibre GI-MMF (50/125µm) avec les paramètres d'excitations : w1=7µm, F1=0µm, λ1=850nm, θ1=0°, w2=4µm, F2=17µm, λ2=850nm, θ2=3.6442°, w3=4µm, F3=27µm, λ3=850nm, θ3=5.818° et avec les paramètres de réceptions : r1=8µm et r2=23µm. Un cas 2, en utilisant une fibre GI-MMF (62.5/125µm) avec les paramètres d'excitations : w1=8µm, F1=0µm, λ1=850nm, θ1=0°, w2=5µm, F2=17µm, λ2=850nm, θ2=2.9126°, w3=4µm, F3=27µm, λ3=850nm, θ3=4.638 et avec les paramètres de réceptions : r1=7µm et r2=23µm.

4.2 Blanchiment du bruit

Cette phase consiste à la décomposition en valeur propre de la matrice de corrélation du bruit. Les résultats de simulations de cette étape sont donnés par :

$$Q(\text{cas } 1) = Q(\text{cas } 2) = \begin{bmatrix} 1 & 0 & 0 \\ 0 & 1 & 0 \\ 0 & 0 & 1 \end{bmatrix}$$

$$Q^*(\text{cas1}) = Q^*(\text{cas2}) = \begin{bmatrix} 1 & 0 & 0 \\ 0 & 1 & 0 \\ 0 & 0 & 1 \end{bmatrix}$$

$$D(\text{cas1}) = \begin{bmatrix} 1 & 0 & 0 \\ 0 & 0.7418 & 0 \\ 0 & 0 & 0.6270 \end{bmatrix}$$

$$D(\text{cas2}) = \begin{bmatrix} 1 & 0 & 0 \\ 0 & 0.8025 & 0 \\ 0 & 0 & 0.7298 \end{bmatrix}$$

Ainsi :

$$D^{-\frac{1}{2}}(\text{cas1}) = \begin{bmatrix} 1 & 0 & 0 \\ 0 & 1.1610 & 0 \\ 0 & 0 & 1.2629 \end{bmatrix}$$

$$D^{-\frac{1}{2}}(\text{cas2}) = \begin{bmatrix} 1 & 0 & 0 \\ 0 & 1.1163 & 0 \\ 0 & 0 & 1.1706 \end{bmatrix}$$

$$F_1(\text{cas1}) = F_1(\text{cas 2}) = \begin{bmatrix} 1 & 0 & 0 \\ 0 & 1 & 0 \\ 0 & 0 & 1 \end{bmatrix}$$

$$G_1(\text{cas 1}) = \begin{bmatrix} 1 & 0 & 0 \\ 0 & 1.1610 & 0 \\ 0 & 0 & 1.2629 \end{bmatrix}$$

$$G_2(\text{cas2}) = \begin{bmatrix} 1 & 0 & 0 \\ 0 & 1.1163 & 0 \\ 0 & 0 & 1.1706 \end{bmatrix}$$

La matrice de corrélation du bruit est alors donnée par :

$$R_{b1}(\text{cas 1}) = R_{b1}(\text{cas 2}) = \begin{bmatrix} 1 & 0 & 0 \\ 0 & 1 & 0 \\ 0 & 0 & 1 \end{bmatrix}$$

Le canal après blanchiment sera défini par :

$$H_{b1}(\text{cas 1}) = \begin{bmatrix} 0.8200 & 0.0854 & 0.0752 \\ 0.1983 & 0.9625 & 0.2380 \\ 0.0116 & 0.1081 & 0.9091 \end{bmatrix}$$

$$H_{b1} \text{ (cas 2)} = \begin{bmatrix} 0.9120 & 0.1153 & 0.0641 \\ 0.0976 & 0.9784 & 0.2144 \\ 0.0007 & 0.0096 & 0.8707 \end{bmatrix}$$

4.3 Diagonalisation du canal

Dans cette étape nous allons aboutir à la phase de décomposition en valeur singulière (DVS). Les résultats de simulation de cette procédure sont données par :

$$A \text{ (cas 1)} = A(\text{cas 2}) = \begin{bmatrix} 1 & 0 & 0 \\ 0 & 1 & 0 \\ 0 & 0 & 1 \end{bmatrix}$$

$$B \text{ (cas 1)} = B(\text{cas 2}) = \begin{bmatrix} 1 & 0 & 0 \\ 0 & 1 & 0 \\ 0 & 0 & 1 \end{bmatrix}$$

Si H est de rang plein (k = 3) et ces éléments sont triés, le canal virtuel après blanchiment et diagonalisation sera défini par :

$$A^* \text{ (cas 1)} = A^*(\text{cas 2}) = \begin{bmatrix} 1 & 0 & 0 \\ 0 & 1 & 0 \\ 0 & 0 & 1 \end{bmatrix}$$

D'où :

$$G_2 \text{ (cas 1)} = G_2(\text{cas 2}) = \begin{bmatrix} 1 & 0 & 0 \\ 0 & 1 & 0 \\ 0 & 0 & 1 \end{bmatrix}$$

$$F_2 \text{ (cas 1)} = F_2(\text{cas 2}) = \begin{bmatrix} 1 & 0 & 0 \\ 0 & 1 & 0 \\ 0 & 0 & 1 \end{bmatrix}$$

Alors :

$$H_{b2} \text{ (cas 1)} = \begin{bmatrix} 0.8200 & 0 & 0 \\ 0 & 0.9625 & 0 \\ 0 & 0 & 0.9091 \end{bmatrix}$$

$$H_{b2} \text{ (cas 2)} = \begin{bmatrix} 0.9120 & 0 & 0 \\ 0 & 0.9784 & 0 \\ 0 & 0 & 0.8707 \end{bmatrix}$$

La matrice de corrélation du bruit sera :

$$R_{b2} \text{ (cas 1)} = R_{b2}(\text{cas 2}) = \begin{bmatrix} 1 & 0 & 0 \\ 0 & 1 & 0 \\ 0 & 0 & 1 \end{bmatrix}$$

Après cette phase, la matrice du canal virtuel et la matrice de corrélation du bruit virtuel vérifient bien qu'ils sont devenus simples.

4.4 Réduction de dimension

Dans cette procédure de réduction de dimension au nombre de voies N_s, nous allons présenter les résultats de simulation des matrices qui définissent cette étape. Pour le cas ou tous les émetteurs transmettent ($N_s=3$), on a :

$$G_3 \text{ (cas 1)} = G_3(\text{cas 2}) = \begin{bmatrix} 1 & 0 & 0 \\ 0 & 1 & 0 \\ 0 & 0 & 1 \end{bmatrix}$$

$$F_3 \text{ (cas 1)} = F_3(\text{cas 2}) = \begin{bmatrix} 1 & 0 & 0 \\ 0 & 1 & 0 \\ 0 & 0 & 1 \end{bmatrix}$$

Pour le cas ou seuls deux émetteurs transmettent (N_s=2), on a :

$$G_3 \text{ (cas 1)} = G_3(\text{cas 2}) = \begin{bmatrix} 1 & 0 & 0 \\ 0 & 1 & 0 \end{bmatrix}$$

$$F_3 \text{ (cas 1)} = F_3(\text{cas 2}) = \begin{bmatrix} 1 & 0 \\ 0 & 1 \\ 0 & 0 \end{bmatrix}$$

Pour le cas ou un seul émetteur transmet (N_s=1), on a :

$$G_3 \text{ (cas 1)} = G_3(\text{cas 2}) = \begin{bmatrix} 1 & 0 & 0 \end{bmatrix}$$

$$F_3 \text{ (cas 1)} = F_3(\text{cas 2}) = \begin{bmatrix} 1 \\ 0 \\ 0 \end{bmatrix}$$

Pour le cas ou tous les émetteurs transmettent (N_s=3), la matrice du canal sera alors donnée par :

$$H_b \text{ (cas 1)} = \begin{bmatrix} 0.8200 & 0 & 0 \\ 0 & 0.9625 & 0 \\ 0 & 0 & 0.9091 \end{bmatrix}$$

$$H_b \text{ (cas 2)} = \begin{bmatrix} 0.9120 & 0 & 0 \\ 0 & 0.9784 & 0 \\ 0 & 0 & 0.8707 \end{bmatrix}$$

Pour le cas ou seuls deux émetteurs transmettent ($N_s=2$), on a :

$$H_b \text{ (cas 1)} = \begin{bmatrix} 0.8200 & 0 & 0 \\ 0 & 0.9625 & 0 \\ 0 & 0 & 0 \end{bmatrix}$$

$$H_b \text{ (cas 2)} = \begin{bmatrix} 0.9120 & 0 & 0 \\ 0 & 0.9784 & 0 \\ 0 & 0 & 0 \end{bmatrix}$$

Pour le cas ou un seul émetteur transmet ($N_s=1$), on a :

$$H_b \text{ (cas 1)} = \begin{bmatrix} 0.8200 & 0 & 0 \\ 0 & 0 & 0 \\ 0 & 0 & 0 \end{bmatrix}$$

$$H_b \text{ (cas 2)} = \begin{bmatrix} 0.9120 & 0 & 0 \\ 0 & 0 & 0 \\ 0 & 0 & 0 \end{bmatrix}$$

La matrice de corrélation du bruit virtuel pour le cas ou tous les émetteurs transmettent ($N_s=3$), sera donnée par :

$$R_b(\text{cas 1}) = R_b(\text{cas 2}) = \begin{bmatrix} 1 & 0 & 0 \\ 0 & 1 & 0 \\ 0 & 0 & 1 \end{bmatrix}$$

Pour le cas ou seuls deux émetteurs transmettent ($N_s=2$), elle est donnée par :

$$R_b(\text{cas 1}) = R_b(\text{cas 2}) = \begin{bmatrix} 1 & 0 \\ 0 & 1 \end{bmatrix}$$

Pour le cas ou un seul émetteur transmet ($N_s=1$), on a :

$$R_b(\text{cas 1}) = R_b(\text{cas 2}) = [1]$$

Nous remarquons ainsi qu'on aboutit à un système simple qui a l'avantage d'être implanté facilement avec des composants simples. La complexité des algorithmes de détection sera aussi réduite vu la facilité de manipulation des matrices diagonales. En plus, la phase de réduction de dimension permet de diminuer le temps des procédures de calcul.

4.5 Précodage

Pour le cas ou tous les émetteurs transmettent ($N_s=3$), les résultats de simulation donnent :

$$G_d(\text{cas 1}) = G_d(\text{cas 2}) = \begin{bmatrix} 1 & 0 & 0 \\ 0 & 1 & 0 \\ 0 & 0 & 1 \end{bmatrix}$$

Pour le cas ou seuls deux émetteurs transmettent ($N_s=2$), on a :

$$G_d \ (\text{cas 1}) = G_d(\text{cas 2}) = \begin{bmatrix} 1 & 0 \\ 0 & 1 \end{bmatrix}$$

Pour le cas ou un seul émetteur transmet (N_s=1), on a :

$$G_d \ (\text{cas 1}) = G_d(\text{cas 2}) = [1]$$

Les coefficients σ_i trouvés sont donnés par le tableau 3.3.

Coefficients	Cas 1	Cas 2
σ_1	0.8200	0.9120
σ_2	0.9625	0.9784
σ_3	0.9091	0.8707

TABLEAU 3.3 – Les coefficients σᵢ , i=1,2,3 –

4.5.1 Précodage Water Filing

Pour le cas du précodeur WF, le tableau 3.4 récapitule les valeurs des paramètres que nous avons trouvées pour ce genre de précodeur.

Paramètres	Condition		N_s=1	N_s=2	N_s=3
σ_i	cas 1		0.8200	0.9625	0.9091
	cas 2		0.9120	0.9784	0.8707
γ_ψ	cas 1	$N_{s\psi} = 1$	1.4872		
		$N_{s\psi} = 2$	2.5662		
		$N_{s\psi} = 3$	3.7870		

		$N_{s_\psi} = 1$	1.2023		
	cas 2	$N_{s_\psi} = 2$	2.2469		
		$N_{s_\psi} = 3$	3.5659		
		$N_{s_\psi} = 1$	2.4872		
	cas 1	$N_{s_\psi} = 2$	1.7831		
ψ		$N_{s_\psi} = 3$	1.5956		
		$N_{s_\psi} = 1$	2.2023		
	cas 2	$N_{s_\psi} = 2$	1.6234		
		$N_{s_\psi} = 3$	1.5219		
f_i^2	cas 1	0.2755	0.4314	0.1053	
	cas 2	0.0764	0.4308	0.7120	
P_0	cas 1	0.2755	0.4314	1.3950	
	cas 2	1.0111	3.3364	0.7120	
C/B	cas 1	0.2452	0.7303	0.8506	
	cas 2	0.0889	0.5870	1.2097	
ρ_i	cas 1	0.4097	0.4657	1.6879	
	cas 2	0.9392	1.2156	3.4853	

TABLEAU 3.4 – Tableau récapitulatif des valeurs trouvées pour le précodeur WF –

4.5.2 Précodage minimisation de l'erreur quadratique moyenne

En ce qui concerne le précodeur minimisation de l'erreur quadratique moyenne, le tableau 3.5 résume nos résultats de simulation des paramètres de ce genre de précodeur.

Paramètres	Condition		$N_s=1$	$N_s=2$	$N_s=3$
σ_i	cas 1		0.8200	0.9625	0.9091
	cas 2		0.9120	0.9784	0.8707
γ_ψ	cas 1	$N_{s_\psi}=1$	1.4872		
		$N_{s_\psi}=2$	2.5662		
		$N_{s_\psi}=3$	3.7870		
	cas 2	$N_{s_\psi}=1$	1.2023		
		$N_{s_\psi}=2$	2.2469		
		$N_{s_\psi}=3$	3.5659		
ψ	cas 1	$N_{s_\psi}=1$	2.4872		
		$N_{s_\psi}=2$	1.7831		
		$N_{s_\psi}=3$	1.5956		
	cas 2	$N_{s_\psi}=1$	2.2023		
		$N_{s_\psi}=2$	1.6234		
		$N_{s_\psi}=3$	1.5219		
f_i^2	cas 1		0.4586	0.5783	0.5452
	cas 2		0.4664	0.5108	0.4288
P_0	cas 1		0.2755	0.4314	1.3950
	cas 2		1.0111	3.3364	0.7120
C/B	cas 1		0.3878	1.0067	1.5433
	cas 2		0.4729	1.0472	1.4533
ρ_i	cas 1		0.4097	0.4556	1.6879
	cas 2		0.9392	1.2156	3.4853

TABLEAU 3.5 – Tableau récapitulatif des valeurs trouvées pour le précodeur EQMM –

4.5.3 Précodage Qualité de Service

Pour ce type de précodeur, le tableau 3.6 récapitule les valeurs trouvées pour ce genre de précodeur.

Paramètres	Condition	$N_s=1$	$N_s=2$	$N_s=3$
σ_i	cas 1	0.8200	0.9625	0.9091
	cas 2	0.9120	0.9784	0.8707
P_0	cas 1		0.2640	
	cas 2		0.2804	
ρ_i	cas 1	0,3926	0.3222	0.2848
	cas 2	0.3698	0.3371	0.2929
γ	cas 1		0.3377	
	cas 2		0.3317	
f_i^2	cas 1	0.1972	0.1174	0.1174
	cas 2	0.1475	0.1167	0.1281
C/B	cas 1	0.1796	0.3286	0.4622
	cas 2	0.1669	0.3197	0.4534

TABLEAU 3.6 – Tableau récapitulatif des valeurs trouvées pour le précodeur QdS –

4.5.4 Précodage Erreur Egale

Les valeurs des paramètres du précodeur EE sont données par le tableau 3.7.

Paramètres	Condition	$N_s=1$	$N_s=2$	$N_s=3$
σ_i	cas 1	0.8200	0.9625	0.9091
	cas 2	0.9120	0.9784	0.8707
P_0	cas 1	0.2640		
	cas 2	0.2804		
ρ_i	cas 1	0,3926	0.3222	0.2848
	cas 2	0.3698	0.3371	0.2929
f_i^2	cas 1	0.1036	0.7521	0.0851
	cas 2	0.0945	0.0821	0.1037
C/B	cas 1	0.0972	0.8599	0.9580
	cas 2	0.1092	0.2183	0.3275

TABLEAU 3.7 – Tableau récapitulatif des valeurs trouvées pour le précodeur EE –

4.5.5 Discussion

Pour le WF et l'EQMM toutes les voies de données ne sont pas forcément utilisées. De plus, nous pouvons remarquer que pour ces deux types de précodeurs ils n'ont pas du tout la même stratégie d'allocation de puissance. En effet, l'EQMM va toujours émettre plus de puissance sur la voie la plus défavorisée. D'autre part, le critère sur la qualité de service (QdS) est utile pour des systèmes nécessitant une qualité de transmission différente entre chaque voie. Ce précodeur donne la possibilité de régler l'écart en dB des RSB reçus γ_i entre les voies. Un cas particulier de la QdS est obtenu lorsque tous les ρ_i sont identiques pour donner la même probabilité d'erreur. Ce critère, nommé erreur égale (EE), permet de palier à la disparité de la probabilité d'erreur sur les voies comme, par exemple, l'EQMM qui peut aboutir à des probabilités d'erreur très différentes.

En ce qui concerne la capacité du système, le précodage EQMM apporte un gain plus meilleur que les autres types de précodage pour les deux cas étudiés. La figure 3.14 et la figure 3.15 présentent l'histogramme des différents rapports (Capacité / Bande passante) du système en fonction du nombre des émetteurs utilisé pour différents cas de précodage pour le cas 1 et le cas 2 de simulation respectivement.

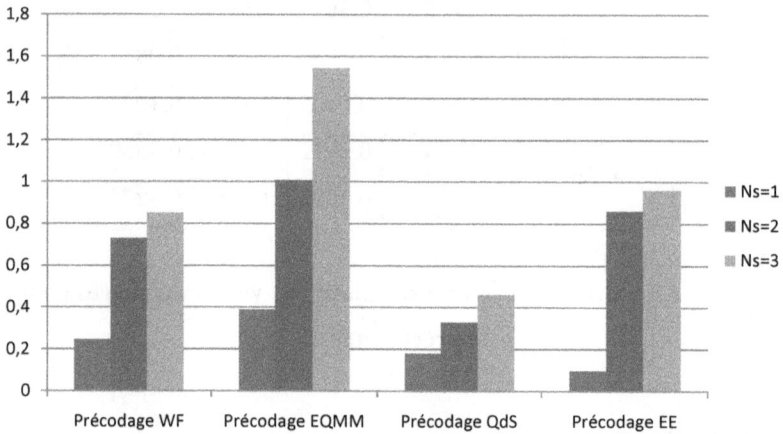

FIGURE 3.14 – Histogramme représentant le rapport
Capacité/Bande passante en (Bits/s/Hz) **du système pour différents cas de précodage (cas 1) –**

En ce qui concerne le rapport (Signal / Bruit) du système, le précodage WF et EQMM apporte le meilleur rapport par rapport aux autres types de précodage pour les deux cas étudiés. La figure 3.16 et la figure 3.17 présentent l'histogramme des différents SNR du système en fonction du nombre des émetteurs utilisé pour différents cas de précodage pour le cas 1 et pour le cas 2 de simulation respectivement. Pour le cas des précodages Qds et EE, ils assurent bien un rapport signal sur bruit décroissant selon le nombre des émetteurs actifs qui est une caractéristique de ces genres de précodeurs.

91

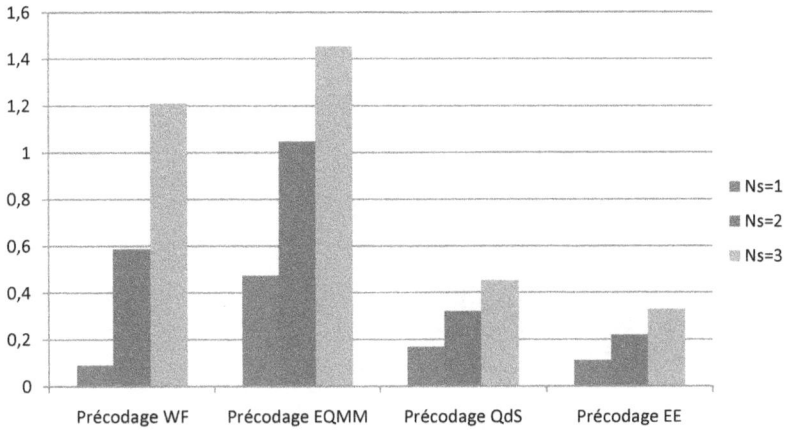

FIGURE 3.15 – Histogramme représentant le Rapport
Capacité/Bande passante en (Bits/s/Hz) **du système pour différents cas de précodage (cas 2) –**

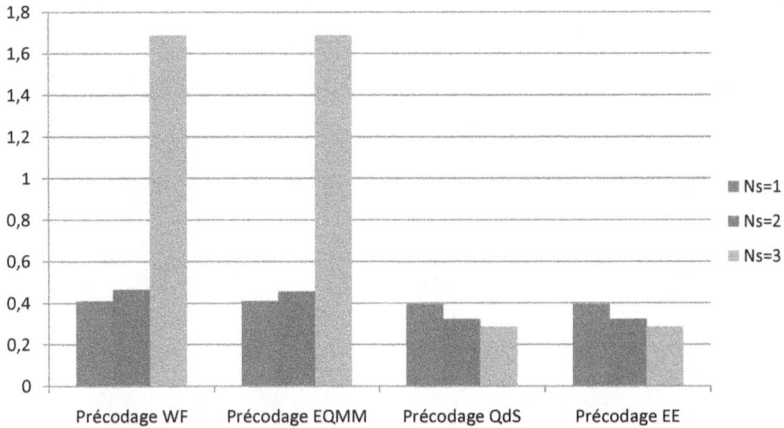

FIGURE 3.16 – Histogramme représentant le Rapport Signal / Bruit (SNR) du système pour différents cas de précodage (cas 1) –

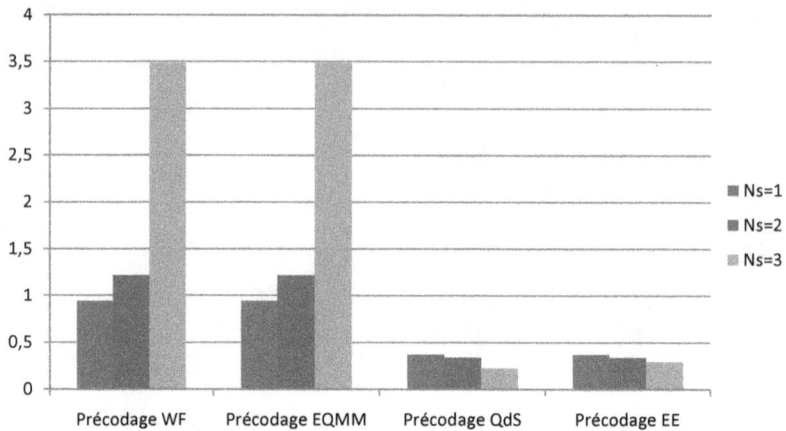

FIGURE 3.17 – Histogramme représentant le Rapport Signal / Bruit (SNR) du système pour différents cas de précodage (cas 2) –

D'autre part, la répartition de la puissance du système est une caractéristique qui doit être analysée aussi pour choisir le type de précodage. En effet, la répartition de la puissance du système est différente pour chaque type de précodeur.

La figure 3.18 et la figure 3.19 présentent l'histogramme des différentes répartitions de puissance du système en fonction du nombre des émetteurs utilisé pour différents cas de précodage pour le cas 1 et le cas 2 de simulation respectivement.

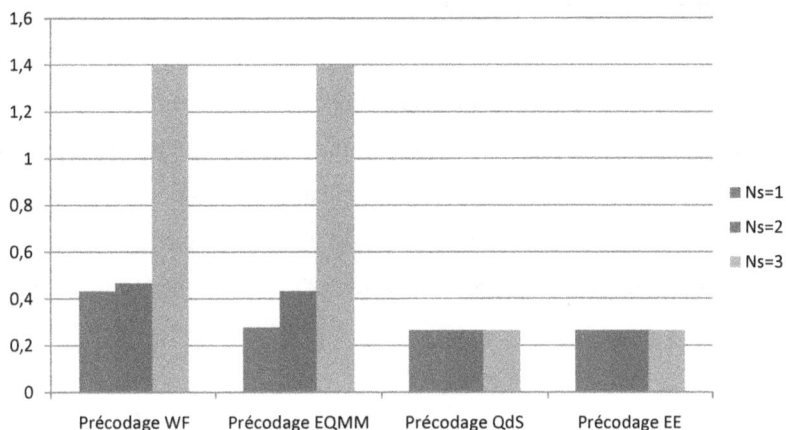

FIGURE 3.18 – Histogramme représentant la répartition de la puissance d'émission (mW) du système pour différents cas de précodage (cas 1) –

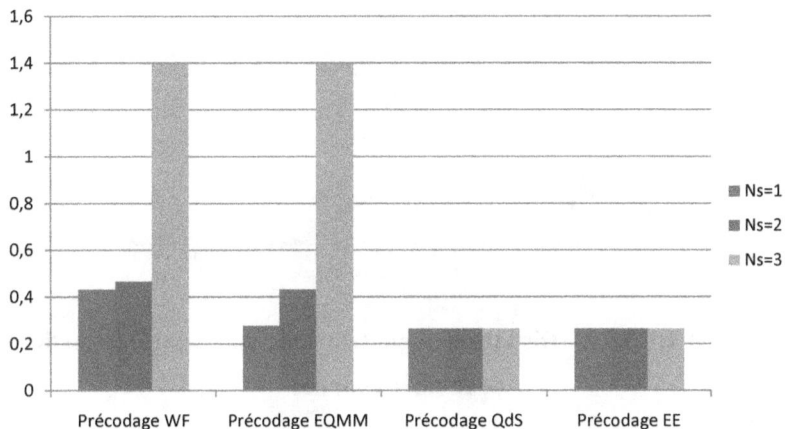

FIGURE 3.19 – Histogramme représentant la répartition de la puissance d'émission (mW) du système pour différents cas de précodage (cas 2) –

5 Effet de la courbure de la fibre

La courbure de la fibre est le principal phénomène mécanique qui occupe les installateurs puisqu'elle cause des pertes du signal émis et peut perturber énormément un réseau LAN. La figure 3.20 montre le changement de la distribution de la puissance en fonction du nombre de groupe de mode pour différents N_c pour le cas d'une courbure uniforme R_c=100mm et α=60° pour le cas d'une fibre MMF (62,5/125µm).

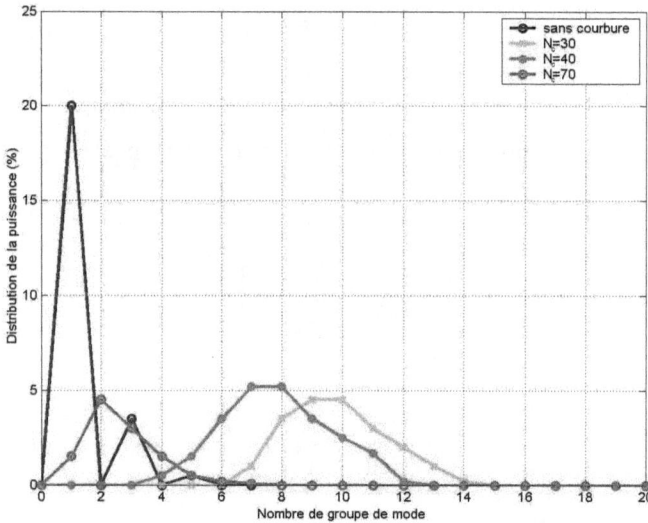

FIGURE 3.20 – Distribution modale de la puissance à la sortie de la fibre courbée –

On remarque que pour N_c=30, il y a un couplage inter-modale à la sortie de la section courbée, tandis que pour N_c=40, le couplage inter-modale diminue jusqu'à un couplage quasi-nulle pour N_c=70.

D'autre part, l'interférence des canaux doit aussi être analysée pour un système MGDM. La figure 3.21 montre la variation du $|\sigma'_3|$ (facteur d'interférence du canal

95

d'extrémité) du système MGDM (3×3) étudié en fonction du nombre de sections N_c pour différents R_c avec $\alpha=60°$ pour le cas d'une fibre GI-MMF (62.5/125μm).

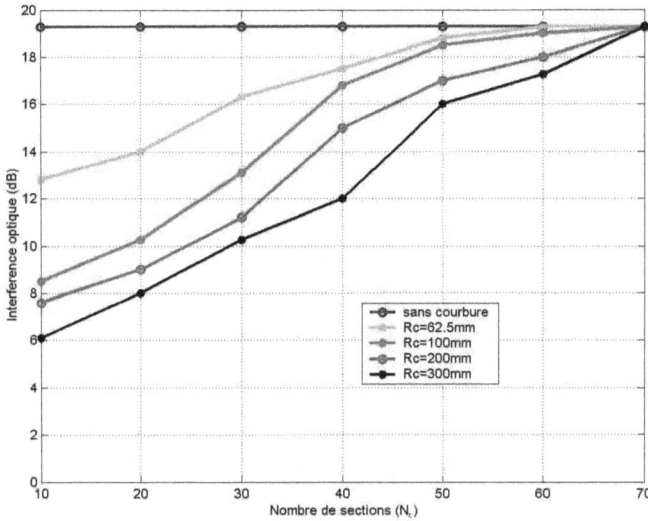

FIGURE 3.21 – Variation du facteur d'interférence du canal d'extrémité en fonction de N_c –

Le choix de N_c varie en fonction de la valeur de R_c, pour $R_c=1000.a=62,5$μm et $R_c=100$mm, le nombre de sections optimal est $N_c=60$ comme montré dans la figure 3.21. Pour $R_c=200$mm, le nombre optimal est $N_c=70$ où le couplage entre les modes est négligeable.

Afin de mieux analyser les effets de la courbure sur le système MGDM étudié, on va comparer sa capacité avec et sans courbure. La figure 3.22 montre cette comparaison pour le système MGDM (3×3) sans et avec un seul nœud de courbure avec $R_c=100$mm et $\alpha=60°$ pour le cas d'une fibre MMF (62,5/125μm). La figure 3.23 montre le cas d'une fibre MMF (50/125μm).

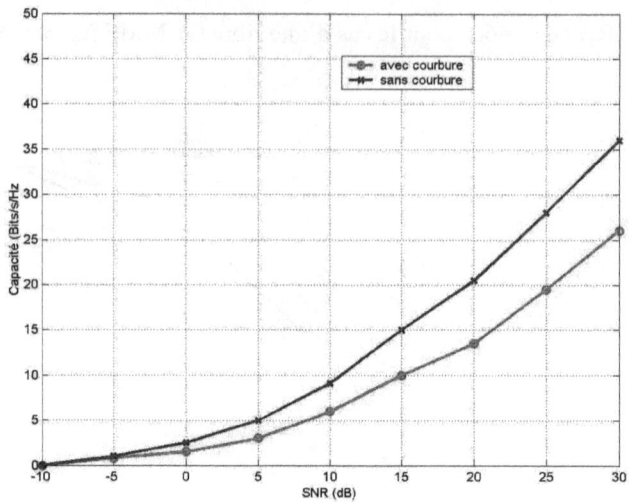

FIGURE 3.22 – Effet de la courbure sur la capacité du système pour une fibre MMF (62,5/125μm) –

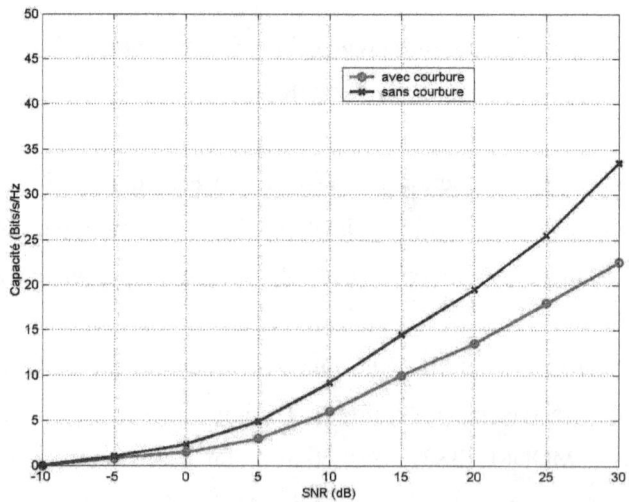

FIGURE 3.23 – Effet de la courbure sur la capacité du système pour d'une fibre MMF (50/125μm) –

Pour un SNR = 30dB, on remarque que la capacité est diminuée d'une manière significative avec la courbure dans les deux cas de figures. Pour cette courbure, la capacité du système n'est pas loin de celle du système SISO.

Pour un système MGDM comme tout autre système optique, les grandes distances dégradent les performances du canal. La figure 3.24 montre le changement du TEB en fonction de la longueur de la fibre pour le système MGDM (3×3) avec les meilleures conditions d'émission et de réception déjà étudié et à un débit binaire constant D=5Gb/s pour le cas d'une fibre (62.5/125µm) avec et sans courbure (un seul nœud avec courbure uniforme R_c=100mm et α=60°).

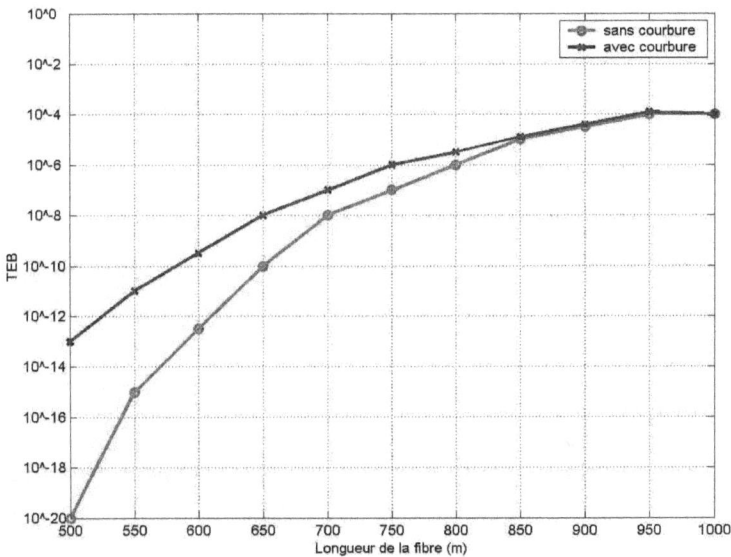

FIGURE 3.24 – Variation du TEB en fonction de la longueur de la fibre avec et sans courbure –

On remarque que le TEB augmente d'une manière significative pour les petites valeurs de longueurs de fibre en présence de la courbure. Lorsque la longueur de la fibre atteint le 850m, le TEB n'est pas affecté par l'effet de courbure.

6 Influence du nombre d'utilisateurs

Autre que la longueur de la fibre, le TEB change d'une manière significative en fonction du nombre d'utilisateurs. La figure 3.25 montre la variation du TEB en fonction de la longueur de la fibre pour différents systèmes MGDM à un débit binaire constant D=5Gb/s pour le cas d'une fibre (62.5/125µm).

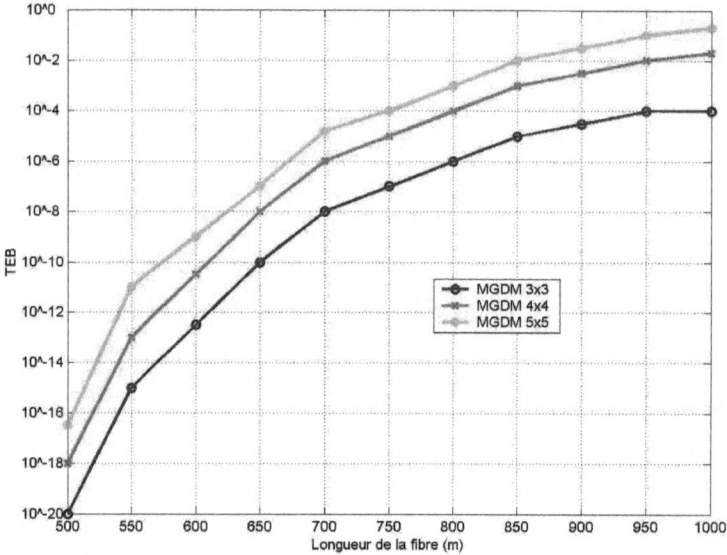

FIGURE 3.25 – Variation du TEB en fonction de la longueur de la fibre pour différents systèmes MGDM –

On remarque que le TEB augmente avec le nombre d'utilisateurs d'où l'intérêt d'utiliser uniquement un système (3×3) surtout qu'on n'a pas besoin dans la pratique d'un nombre supérieur de canaux.

7 Influence du choix du canal et du débit binaire

Les performances peuvent varier d'un canal à un autre dans le même système. Le TEB mesuré pour les données associées au canal fondamental pour le système MGDM (3×3) n'est pas le même pour celui d'un autre canal. La figure 3.26 montre le changement du TEB pour différents débits binaires pour les trois cas de canaux à une longueur de fibre L=1km. On remarque que le TEB augmente d'une façon croissante pour un débit inférieur à 5Gb/s du canal central aux canaux d'extrémités. Cette augmentation garde une allure constante pour un débit supérieur.

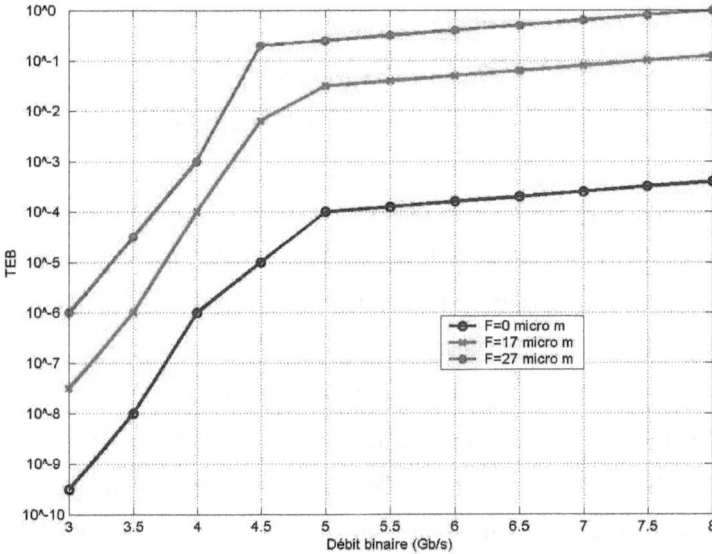

FIGURE 3.26 – Variation du TEB en fonction de débits binaires et pour différents canaux du même système –

D'autre part, le débit binaire utilisé influe sur la propagation dans un lien MGDM. Lorsque le débit binaire augmente le TEB augmente. De plus, les performances peuvent varier d'un canal à un autre dans le même système.

Le TEB mesuré pour les données associées au canal fondamental pour la MGDM (3×3) n'est pas le même pour celui d'un autre canal.

8 Conclusion

Dans ce chapitre nous avons étudié le cas d'un système MGDM (3×3) qui présente la meilleure configuration d'un réseau LAN optique utilisant un multiplexage MGDM. Nous avons dégagé ses conditions optimales d'injection et de réception. Nous avons aussi calculé sa matrice de transfert et sa capacité. Une augmentation de la capacité à été observé par rapport à d'autres systèmes de multiplexage et par rapport à d'autres conditions d'injection et de réception trouvés par les plus récentes recherches dans la littérature.

En suite, nous avons proposé un modèle MGDM lié à ces paramètres. Nous avons aussi utilisé l'amélioration dans l'architecture étudiée dans le chapitre précédent pour ce type de système. Nous avons ainsi simplifié notre lien en passant par les étapes de blanchiment de bruit, de diagonalisation et de réduction de dimension. Les systèmes de précodage sont aussi analysé et on a put calculer les paramètres de chaque type de précodeur et par la suite on a comparé les performances de chacun d'entre eux.

En fin, on a étudié l'effet de la courbure de la fibre sur notre système comme on a vu l'influence du nombre d'utilisateurs ainsi que le choix du canal et du débit binaire.

Chapitre 4

Adaptation de la technique MGDM pour la transmission du signal Radio sur fibre

1 Introduction

La technique de multiplexage par diversité de groupe de modes est un des bons candidats, qui assure la transmission avec des meilleures qualités de service en bande de base [53]. Dans ce chapitre on va essayer d'adopter la technique MGDM pour transmettre des signaux radiofréquences RF (Radio Frequency) par voie optique. Cette technologie appelé technologie Radio-sur-Fibre est basée principalement sur la modulation d'une porteuse optique par au moins un signal RF portant lui même des données à transmettre [54]. Ainsi, les technologies Radio-sur-Fibre ou RoF (Radio over Fiber) s'appuient sur des technologies de transmission par fibre optique pour distribuer des signaux RF entre une station centrale CS (Central Station ou headend) et des modules d'antennes distribués RAUs (Remote Antenna Units) ou BSs (Base Stations).

Dans les systèmes de communication à bande étroite et les réseaux locaux sans fil, les fonctions de traitement de signaux RF, telles que la modulation et le multiplexage, sont exécutés au niveau du BS et immédiatement intégrées dans le module d'antenne. La technologie RoF rend possible la centralisation des fonctions de traitement du signal RF dans un emplacement partagé en utilisant la fibre optique afin de distribuer les signaux RF comme le montre la figure 4.1 [55]. Ainsi, les BSs sont considérablement simplifiées comme elles ne doivent effectuer que la conversion optoélectronique et les fonctions d'amplification.

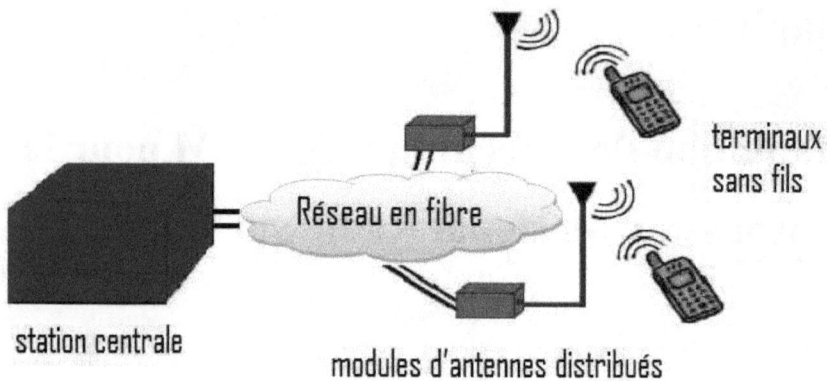

FIGURE 4.1 – Modèle simplifiée d'un système RoF –

La centralisation des fonctions de traitement du signal RF permet le partage d'équipement, l'allocation dynamique des ressources et la simplification du système d'exploitation et de maintenance [56]. Nous allons commencer alors dans ce chapitre par présenter les avantages de la technologie RoF. Après, nous allons dégager ses principales limites. Le domaine d'application de cette technique est par la suite présenté. Nous allons étudier aussi les principaux types d'architecture de transport des systèmes radio-sur-fibre. Enfin, nous allons présenter les différentes techniques de multiplexage utilisé pour cette transmission et essayer d'adapter la technique MGDM pour pouvoir transmettre le signal radio en plus des signaux en bande de base. Nous allons alors proposer un modèle MGDM (3×3) en présence du signal radio et essayer de le simuler par Matlab pour étudier la faisabilité de ce modèle.

2 Avantages de la technologie RoF

La technologie RoF présente des nombreux avantages [57-58-59-60]. Dans ce qui suit, on va détailler ces avantages.

2.1 Faible atténuation

La distribution des signaux radio-fréquences sous forme électrique, en espace libre ou par le biais de lignes de transport est coûteuse et peut être fortement limitée en termes de portée. En effet, les pertes de propagation en espace libre sont d'autant plus importantes que la fréquence de la porteuse radio est élevée (les pertes sont inversement proportionnelles à la longueur d'onde). Dans les lignes de transmission, l'impédance augmente avec la fréquence impliquant des pertes d'autant plus importantes que la fréquence est élevée. Par conséquent, la distribution des signaux radio à haute fréquence sous forme électrique sur des longues distances nécessite des équipements de régénération coûteux. Une solution à ce problème consiste à distribuer optiquement les signaux en bande de base ou à des Fréquences Intermédiaires (FI) du CS vers la BS. Au niveau de la station de base, les signaux sont convertis à une fréquence haute (RF) avant d'être amplifiés puis rayonnés. Ainsi, des oscillateurs locaux de hautes performances seraient requis pour la mise en œuvre de la conversion de fréquence au niveau de chaque station de base. Toutefois, étant donné que la fibre optique offre une très faible perte, la technologie RoF peut être utilisée pour obtenir une distribution de signaux sur de longues distances.

2.2 Large bande passante

Les fibres optiques offrent énormément de bande passante. Cette énorme bande passante offerte par les fibres optiques a d'autres avantages en dehors de la grande capacité de transmission des signaux micro-ondes. La grande bande passante permet une haute vitesse de traitement du signal ce qui est plus difficile, voire impossible, de faire en électronique. Certaines fonctions nécessaires au traitement des signaux RF telles que le filtrage, le mélange pour la conversion de fréquence peuvent être mises en œuvre dans le domaine optique. L'utilisation de l'énorme bande passante offerte par les fibres optiques est gravement entravée par la limitation de la largeur de bande des systèmes électroniques, qui sont les principales sources et récepteurs de transmission de données. Ce problème est appelé le " goulet d'étranglement Électronique ".

2.3 Immunité aux interférences électromagnétiques

L'immunité aux interférences électromagnétiques est un avantage qu'offrent les fibres optiques, en particulier vis-à-vis des micro-ondes. Il en est ainsi parce que les signaux sont transmis sous forme lumineuse à travers la fibre optique. En raison de cette immunité, les fibres sont préférables aux câbles électriques, même pour de courtes connexions.

2.4 Facilité d'installation et d'entretien

Selon la technologie RoF, les dispositifs complexes et coûteux sont maintenus au niveau du SC permettant de simplifier au maximum l'architecture des BS. Dans les cas les plus simples, la BS comprend juste un photo-détecteur, un amplificateur RF et une antenne. Les équipements de modulation et de commutation sont conservés au niveau du SC de manière à être avantageusement partagés par plusieurs BS. Ce dispositif conduit à des plus petits et plus légers BS, réduisant effectivement le coût d'installation et d'entretien du système.

2.5 Réduction de la consommation d'énergie

La réduction de la consommation d'énergie est une conséquence de la simplification des BS avec des équipements réduits rendue possible par la centralisation des fonctions complexes. La réduction de la consommation d'énergie au niveau des BS est particulièrement avantageuse dans la mesure où celles-ci doivent être parfois placées dans des endroits reculés et ne peuvent pas alimentées par le réseau électrique (recours à l'utilisation de sources d'énergies renouvelable telles que les cellules photovoltaïques).

2.6 Multi-opérateurs et multiservices

La technologie RoF offre une souplesse opérationnelle. En fonction de la technique de génération des signaux RF, la distribution des signaux peut être faite d'une manière transparente en allouant par exemple des longueurs d'ondes à chaque technologie ou à chaque opérateur. Ainsi, le système RoF peut être partagé entre plusieurs opérateurs pour distribuer une pluralité de services. Cette utilisation « multi-opérateurs » et « multiservices » permettant à chaque opérateur de disposer d'un nombre de longueurs d'ondes, entraîne d'énormes économies.

2.7 Allocation Dynamiques des Ressources

Puisque la commutation, modulation et autres fonctions sont effectuées au niveau du CS, il est possible d'allouer dynamiquement les ressources aux différentes stations de base. Par exemple, dans un système RoF de distribution de trafic GSM (Global System for Mobile communication), une capacité accrue peut être ponctuellement attribuée à une zone (par exemple, centre commercial) pendant les heures de pointe, puis réaffectée à d'autres zones (par exemple à des zones peuplées dans la soirée). Cet objectif peut être atteint par une allocation de longueurs d'onde optiques par multiplexage en longueurs d'ondes. L'allocation dynamique des ressources est utilisée pour éviter l'attribution d'une capacité permanente, qui serait un gaspillage de ressources (longueurs d'ondes).

3 Limitation des systèmes RoF

Étant donné que le système RoF utilise une modulation analogique, il est fondamentalement considéré comme un système de transmission analogique. Par conséquent, les imperfections du système telles que le bruit et les distorsions dues à des non-linéarités propres à la transmission analogique doivent être considérées pour le système RoF [61].

Ces handicaps ont tendance à limiter le facteur de bruit ou NF (Noise Figure) et la marge dynamique ou DR (Dynamic Range) des liens RoF. La marge dynamique (DR) est un paramètre très important pour les systèmes de communication mobile (cellulaire) tels que le GSM, car il permet de caractériser en même temps le bruit et l'intermodulation du système.

Les sources de bruit considérées dans les liens optiques en mode analogique sont le bruit relatif d'intensité (RIN) du laser, le bruit de grenaille de la photodiode, le bruit thermique de l'amplificateur et la dispersion de la fibre.

4 Applications de la Technologie Radio-sur-Fibre

Les applications de la technologie RoF sont multiples et comprennent notamment les communications par satellite, communications radio-mobiles, les Services Vidéo par distribution multipoint ou MVDS (Multipoint Video Distribution System), le mobile haut débit, les communications routières, et les réseaux locaux sans fil reliés aux réseaux optiques [62-63]. Les principaux domaines d'application sont brièvement discutés ci-dessous.

4.1 Réseaux cellulaires

Les réseaux mobiles représentent un domaine d'application important de la technologie RoF. Le nombre toujours croissant d'abonnés mobiles et l'augmentation de la demande des services à large bande passante ont maintenu une pression soutenue sur les réseaux mobiles pour offrir une plus grande capacité. Par conséquent, le trafic mobile (GSM ou UMTS: Universal Mobile Telecommunications System) peut être efficacement acheminé entre la station de contrôle et la station de base en exploitant les avantages de la fibre optique [64].

4.2 Communications par satellite

Les communications par satellite constituent une première application de la technologie RoF pour le déport d'antennes sur des sites adaptés. Dans ce cas, des liens optiques de courte distance (inférieure à 1 km) fonctionnant à des fréquences comprises entre 1 GHz et 15 GHz sont utilisés. Ainsi, les équipements à haute fréquence peuvent être centralisés.

Une seconde application dans le domaine satellitaire concerne la commande à distance des stations terrestres dont les antennes doivent être en dehors d'une zone de contrôle. Grâce à la technologie RoF, les antennes peuvent être situées à plusieurs kilomètres de distance par rapport à la zone de contrôle, dans le but par exemple d'améliorer la visibilité du satellite ou réduire des interférences avec d'autres systèmes terrestres. Les équipements de commutation peuvent également être placés de façon appropriée pour des raisons concernant le coût des locaux, sans avoir besoin d'être à proximité de la station des antennes.

4.3 Systèmes de distribution vidéo

L'un des principaux domaines d'application prometteurs de la technologie RoF concerne les systèmes de distribution vidéo, tels que les Services de distribution vidéo multipoint (MVDS). MVDS est un système cellulaire de transmission terrestre pour la vidéo (TV). Il a été initialement conçu pour faire uniquement de la diffusion sur un lien descendant, mais récemment, un canal de retour (lien montant) a été intégré afin de rendre le service interactif. MVDS peut être utilisé pour servir des zones de la taille d'une petite ville.

Les fréquences attribuées à ce service appartiennent à une bande spectrale centrée autour de 40 GHz. A ces fréquences, la taille maximale des cellules est d'environ 5 km. Pour étendre la couverture, des stations relais sont nécessaires, d'où le recours à la technologie RoF.

4.4 Services mobiles à haut débit

Le service mobile large bande ou MBS (Mobile Broadband Services) est destiné à étendre les services fixes à large bande ou B-ISDN (Broadband - Integrated Services Digital Network) aux utilisateurs de téléphones portables de toutes sortes. De futurs services seront développés sur le B-ISDN et les réseaux mobiles doivent également supporter ces services sur le système MBS. Ainsi, un très haut débit de l'ordre de 155 Mbps par utilisateur doit être fourni. Par conséquent, des bandes de fréquences autour de 60 GHz ont été allouées. Une bande de 62-63 GHz est attribuée pour la liaison descendante tandis qu'une autre bande de 65-66 GHz est allouée pour la transmission en liaison montante. Les cellules ont un diamètre de plusieurs centaines de mètres (microcellules). Par conséquent, une haute densité de cellules est nécessaire pour atteindre la couverture souhaitée. Les microcellules peuvent être connectées à la station B-ISDN fixe par fibre optique. L'utilisation de la technologie RoF pour générer les ondes millimétriques permettrait de simplifier l'architecture des stations de base et donc de réduire leurs coûts (de fabrication et de maintenance), rendant ainsi le déploiement des réseaux MBS économiquement viable [65].

4.5 Réseaux locaux sans fil

Comme les terminaux mobiles (ordinateurs, téléphones, assistants personnels numériques) deviennent de plus en plus répandus, la demande en haut débit mobile pour l'accès aux réseaux locaux sera également à la hausse. Cela entraînera une fois de plus l'utilisation de fréquences porteuses élevées dans le but de répondre à la demande de capacité. Par exemple, les réseaux locaux sans fil fonctionnent actuellement dans la bande ISM (Industrial, Scientific and Medical band) de 2,4 GHz permettant d'offrir un débit maximal de 11 Mbps (IEEE 802.11b). Les prochaines générations des réseaux locaux sans fil sont prêtes à offrir jusqu'à 54 Mbps, et exigent des fréquences porteuses plus élevées dans la bande des 5 GHz (IEEE 802.11g). Mais des fréquences porteuses supérieures conduisent à des micro-cellules ou pico-cellules, et à toutes les difficultés associées à la couverture (interférences). Un moyen pour un bon rapport coût-efficacité est de contourner ce problème et de déployer la technologie RoF.

4.6 Communication routière

C'est un autre domaine d'application potentiel de la technologie RoF. Les fréquences entre 63-64 GHz et 76-77 GHz ont été déjà allouées pour ce service en Europe. Un objectif est de fournir en continu une couverture des communications mobiles sur les principaux axes routiers. En vue de répondre aux besoins de couverture du réseau routier, il est nécessaire de déployer un grand nombre de stations de base. Celles-ci peuvent être réalisées de manière simple et avec un coût faible par le biais de la technologie RoF, ce qui rend le système efficace et gérable [66].

5 Les systèmes de transport des signaux RF, IF, bande de base

Les systèmes radio-sur-fibre sont généralement classés selon trois principaux types d'architecture de transport: radio fréquence ou RF (Radio Frequency), fréquence intermédiaire ou IF (Intermediate Frequency) et bande de base. Le choix de l'architecture détermine le matériel nécessaire au niveau de la BS et sa complexité.

Un système duplex complet peut utiliser des architectures de transport différentes sur la liaison montante et sur la liaison descendante.

5.1 Transport de fréquence RF sur fibre

L'architecture RF-sur-fibre permet de transporter via un lien optique les signaux RF directement à la fréquence à laquelle ils sont destinés à être rayonnés en espace libre [67]. Cette approche présente l'avantage que les signaux ne subissent aucune transposition de fréquence au niveau des stations de bases qui bénéficient d'une architecture simple nécessitant uniquement des conversions électro-optique et opto-électrique, amplification RF, et émission/réception RF.

En outre, un contrôle centralisé de traitement des signaux permet de faciliter l'évolutivité du système. Toutefois, la transmission directe des signaux RF s'avère d'autant plus difficile que la fréquence RF est élevée en raison des effets néfastes de la dispersion. Par ailleurs, dans le domaine millimétrique (30-300 GHz), les prix des composants optoélectroniques demeurent élevés. Des photodiodes à large bande passante avec un bon rendement de conversion sont nécessaires tant au niveau du CS que de chaque BS. La modulation externe est effectuée à l'aide des modulateurs ultra-rapides permettant d'atteindre des vitesses de modulation élevées (> 40 GHz) comme le modulateur Mach-Zehnder MZM (Mach Zehnder Modulator) ou le modulateur à électro-absorption EAM (Electroabsorption Modulator).

5.2 Transport de fréquence IF sur fibre

L'architecture IF-sur-Fibre permet le transport des signaux RF en réduisant fortement l'effet de la dispersion des fibres par le fait de transmettre des signaux radio sur fibre par le biais des fréquences intermédiaires (IF) avec une transposition de fréquence effectuée à la BS [68]. L'utilisation d'une fréquence de modulation intermédiaire dans le cas du transport IF-sur-Fibre permet avantageusement de réduire de manière significative les effets de la dispersion en comparaison avec le cas du transport RF-sur-fibre.

Un autre avantage de ce système est d'offrir une efficacité en termes de coût, puisqu'il permet d'intégrer des composants électroniques à bas coût largement disponibles sur le marché. Toutefois, cette architecture reste compliquée par rapport à l'architecture RF-sur-Fibre, dans la mesure où des oscillateurs locaux et des mélangeurs sont nécessaires au niveau de chaque BS pour effectuer les transpositions de fréquence, ces oscillateurs pouvant être partagés entre les liens montant et descendant.

5.3 Transport du signal en bande de base

Dans cette architecture, un signal en bande de base est généré et transmis à travers la fibre optique depuis la station de contrôle jusqu'aux stations de base [69]. Sur le lien descendant, le signal en bande de base détecté au niveau de la station de base est transposé sur une porteuse RF (i.e. onde millimétrique) avant qu'il soit rayonné par l'antenne.

Réciproquement sur le lien montant, le signal RF reçu par l'antenne doit être converti en bande de base avant d'être acheminé vers la station centrale. L'avantage de cette technique est qu'elle permet de réduire considérablement les effets de la dispersion du fait d'une transmission en bande de base, mais elle exige des équipements électro-optiques à haute fréquence coûteux (mélangeurs).

6 Les techniques de génération des signaux RF sur la fibre optique

6.1 Modulation d'intensité avec une détection directe (IM-DD)

La méthode la plus simple pour la distribution de signaux radiofréquences dite IM-DD (Intensity Modulation – Direct Detection) consiste à moduler directement l'intensité d'une porteuse optique par le signal radiofréquence lui-même et puis utiliser la détection directe par la photodiode pour récupérer le signal radiofréquence [70]. Il existe deux façons de faire la modulation de la porteuse optique. Une première solution dite « modulation directe » est de laisser le signal radiofréquence directement moduler la porteuse optique d'une source de lumière (i.e. laser). Une deuxième solution dite « modulation externe » consiste à utiliser un modulateur externe (par exemple : Mach-Zehnder (MZM)) pour moduler la porteuse optique issue d'une source lumineuse. Dans les deux cas, le signal modulant l'intensité de la porteuse optique est le signal radiofréquence destiné à être distribué [71].

Le signal RF doit être correctement pré-modulé avec des données avant d'être transmis optiquement. Le photo-courant obtenu par détection directe par une photodiode subit une amplification de trans-impédance pour produire une tension qui est à son tour utilisée pour exciter l'antenne. Ainsi, si le signal RF utilisé au niveau de l'émetteur est lui-même modulé par les données numériques à transmettre, le signal RF détecté au niveau du récepteur porte les mêmes données. Le format de la modulation sera préservé.

La plupart des systèmes RoF, y compris ceux utilisant IM-DD, utilisent les fibres monomodes (SMF) pour la distribution. Toutefois, l'utilisation de la technique IM-DD pour le transport de signaux RF sur fibre multimodes a également été démontrée pour les signaux WLAN en dessous de 6 GHz. Premièrement, l'avantage de cette méthode est sa simplicité de mise en œuvre. Deuxièmement, si une fibre à faible dispersion est utilisée avec un modulateur externe, le système devient linéaire. En conséquence, la liaison optique agit seulement comme un amplificateur ou un atténuateur et elle est donc transparente au format de modulation du signal RF.

Un tel système nécessite peu de mises à jour (ajout d'un autre format de modulation, codage…) chaque fois qu'il y aura des changements dans le format de modulation du signal RF. En outre, contrairement à la modulation directe du laser, les modulateurs externes tels que les modulateurs MZM peuvent moduler des ondes millimétriques de près de 100 GHz, même si cela a un coût énorme en ce qui concerne l'efficacité et les exigences de linéarisation.

Un inconvénient de la méthode IM-DD est qu'elle est difficile à utiliser pour les ondes millimétriques à haute fréquence. Il en est ainsi parce que, pour générer des signaux avec une fréquence plus élevée, le signal modulé doit avoir la même fréquence que celle du signal généré. Par une modulation directe de laser, ça sera difficile en raison de la largeur de bande limitée et les non-linéarités introduites par le laser, ce qui conduit à des termes de produits d'intermodulation provoquant des distorsions.

6.2 Génération du signal RF par détection hétérodyne

Pour générer un signal RF, la plupart des techniques reposent sur le principe de cohérence de mélange dans la photodiode. Ces techniques sont généralement désignées par le terme « Détection Hétérodyne » ou RHD (Heterodyne Detection) [72]. Le principe du mélange repose sur le contrôle de la différence de la fréquence entre les champs électriques ce qui permet de générer la fréquence souhaitée. La seule limite de la fréquence du signal qui peut être généré reste la bande passante de la photodiode. Étant donné que la fréquence d'émission laser est très sensible aux variations de température, il est nécessaire d'utiliser des techniques pour maintenir la différence de fréquence entre les lasers, telles que:

- Optical Frequency-Locked Loop (OFLL) : boucle à verrouillage de fréquence optique

- Optical Phase-Locked Loop (OPLL) : boucle à verrouillage de phase optique

- Optical Injection Locking (OIL) : verrouillage par injection optique

• Injection Optical Phase-Locked Loop (OIPLL) : boucle à verrouillage de phase optique par injection.

Ces techniques ne seront pas traitées en détails car elles n'entrent pas dans l'intérêt de cette étude. L'utilisation de l'hétérodynage optique permet la génération de très hautes fréquences. En outre, cette technique conduit à un bon rapport de puissance détecté et de rapport signal sur bruit SNR (Signal to Noise Ratio) étant donné que les champs optiques contribuent à la puissance RF générée.

L'inconvénient majeur de la RHD est la forte influence du bruit de phase du laser et l'influence de la variation de fréquence sur la stabilité de signal RF généré, et puisque les lasers à semi-conducteurs ont de grandes largeurs spectrales, des mesures supplémentaires doivent être prises pour réduire la raie de la génération de signaux RF. Ces mesures conduisent souvent à des systèmes plus complexes.

7 Les techniques de multiplexage utilisé dans les systèmes RoF

7.1 Le multiplexage de sous-porteuses

Le multiplexage de sous-porteuses ou SCM (Sub Carrier Multiplexing) est une technique simple et rentable pour l'exploitation de la bande passante des fibres optiques dans les systèmes de communication optiques analogiques en général et dans les systèmes RoF en particulier [73-74]. Dans SCM, chaque signal RF (ou sous-porteuse) est utilisé pour moduler une même porteuse optique de fréquence f_0. Il en résulte un spectre optique composé du signal d'origine à la fréquence f_0 et de deux bandes situées à f_0+f_{sc} et à f_0-f_{sc}, avec f_{sc} est la fréquence de la sous-porteuse.

Pour multiplexer plusieurs canaux sur une seule porteuse optique, de multiples sous porteuses sont d'abord combinées, puis utilisées pour moduler la porteuse optique. Au niveau du récepteur, les sous-porteuses sont récupérées par une détection directe et ensuite rayonnées. Différents schémas de modulation peuvent être utilisés sur des sous-porteuses différentes. Une sous-porteuse peut transporter des données numériques, alors qu'une autre peut être modulée avec des données analogiques telles que la vidéo ou le trafic téléphonique. De cette façon, la technique SCM supporte divers types de multiplexage de données à large bande. La modulation de la porteuse optique peut être faite soit par une modulation directe du laser, ou en utilisant des modulateurs externes tels que le MZM comme décrit précédemment.

Un des principaux avantages de la technique SCM est qu'elle supporte tout type de données. Chaque sous-porteuse peut transporter un signal ayant un format de modulation différent. Par conséquent, cette technique peut être utilisée pour une large gamme d'applications telles que les réseaux câblés et les réseaux locaux sans fil. C'est une conséquence du fait que la technique de modulation utilisée et les formats de modulation des données transportées sur chaque sous-porteuse sont indépendants des sous-porteuses utilisées. Par ailleurs, dans le cas où les sous-porteuses sont à faibles fréquences, les composants optoélectroniques nécessaires à la réalisation des systèmes à base de SCM sont largement disponibles.

L'inconvénient de cette technique est le fait d'être une technique de communication analogique et de ce fait, elle est plus sensible aux effets du bruit et des distorsions dues aux non-linéarités. Cela place la linéarité dans les exigences strictes sur la performance des composants en particulier pour les applications vidéo pouvant nécessiter des valeurs de rapport signal sur bruit élevé (SNR>55dB). Le RIN du laser est la principale source de bruit et devrait être maintenu aussi bas que possible.

7.2 Le multiplexage en longueurs d'ondes

L'utilisation du multiplexage en longueurs d'ondes (WDM) pour la distribution des signaux RF a pris de l'importance récemment. La technologie WDM permet une exploitation efficace de la bande passante des fibres. Toutefois, la transmission de signaux RF sur fibre est considérée comme inefficace en termes d'utilisation spectrale. Les porteuses modulées avec les ondes millimétriques sont ajoutées et extraites en utilisant des OADM (Optical Add-Drop Multiplexer) qui sont généralement placés au niveau de la station de base.

8 Adaptation de la technique MGDM pour la transmission du signal Radio sur fibre

La technique MGDM classique est basée sur l'égalité de la puissance optique pour tous les canaux du système. En outre, cette architecture du système MGDM classique est conçue pour les services de transmission en bande de base. La modification de cette architecture au niveau de l'émetteur ou au niveau du récepteur nous permet d'ajouter des services radio au système. L'objectif d'une telle architecture modifié est de maintenir une orthogonalité entre les services radio (lancé sur un seul émetteur) et les autres services en bande de base. Cette orthogonalité signifie un agrégat des signaux en bande de base sans influence à partir du signal radio. Ainsi, le signal radio reçu est transmis à l'utilisateur final sans modification. En outre, l'orthogonalité est maintenue entre tous les services [75].

8.1 Technique MGDM modifié

Nous proposons ici une technique MGDM modifié, basée sur l'orthogonalité, qui peut être adapté à la partie émission. Cette approche est basée sur des techniques similaires à celles utilisées dans les systèmes MIMO radio pour la sélection d'antenne optimal [76]. Le critère de sélection des l'antenne est le SNR minimum. Par conséquent, l'antenne optimale est celui qui présente une puissance minimale pour l'émission de données ce qui conduit à des bonnes performances en termes de probabilité d'erreur. Dans notre étude, nous allons s'inspirer de ces recherches dans le domaine radio (sélection de l'émetteur optimal) pour une utilisation dans le cas optique. Le modèle matriciel décrivant la relation entre les N signaux émis (s_i) et les M signaux reçus (y_i) pour un système MGDM peut être modifié comme suit [77]:

117

$$y = H_1 . s' + H_2 . s'' + b \qquad\qquad (4.1)$$

avec y, s', s'' et b représentent respectivement, le vecteur du signal reçu, le vecteur du signal émis associé aux services en bande de base, le vecteur du signal émis associé aux services radio, et le vecteur du bruit additif du récepteur. Nous avons décomposé la matrice de transfert H du système MGDM standard en deux matrices H_1 et H_2. La matrice H_1, présente la matrice du canal associé aux services en bande de base tandis que la matrice H_2 représente celle associée aux services radio. A fin de créer une orthogonalité entre ces deux matrices, le signal radio est lancé au niveau émetteur avec une puissance optique moyenne P_1, tandis que chaque signal en bande de base est lancé avec une puissance moyenne P_2 de telle sorte que $P_2 > P_1$. Le choix des puissances P_1 et P_2 est relié à la puissance de bruit du système.

Pour augmenter et améliorer l'orthogonalité entre les canaux nous allons utiliser aussi plusieurs longueurs d'ondes à l'émission, une technique démontrée dans le domaine radio [78]. Ce ci va notamment diminuer l'interférence entre les divers services.

8.2 Cas du système MGDM (3×3)

On va étudier dans ce paragraphe, le multiplexage d'un signal radio avec 2 signaux en bande de base. Dans les systèmes MIMO optiques, et surtout avec l'utilisation du MGDM, la matrice de transfert du canal H varie lentement avec le temps. Les études faites sur le changement temporel de la matrice du transfert en fonction de la température ont montré que le canal optimal ou l'émetteur optimal est le canal fondamental de la fibre (F = 0μm) [79].

De même dans le cadre de notre étude des effets mécaniques agissant sur le système, les simulations présentées dans le chapitre 3, montrent qu'avec le changement du rayon de la courbure, le canal fondamental reste l'optimal. Alors, l'étude de l'algorithme de sélection de l'émetteur optimal pour la technique MGDM nous ramène à une conclusion que le canal optimal est toujours le canal fondamental et l'émetteur y associé (F = 0μm). Alors, l'utilisation de ce canal avec des puissances inférieures à celles des autres émetteurs amène de meilleures performances. L'avantage du canal fondamental par rapport aux autres est l'excitation des modes de propagation fondamentaux ou des modes d'ordres bas. On choisira alors ce canal pour transmettre le signal radio et les autres canaux pour transmettre les 2 autres signaux en bande de base.

Les signaux en bande de base sont envoyés avec la même puissance optique moyenne (P_2) et avec la même longueur d'onde (λ_2), tandis que le signal radio est envoyé avec une puissance optique (P_1) et une longueur d'onde (λ_1). On définit le rapport de puissance α comme suit:

$$\alpha = \frac{P_2}{P_1} \tag{4.2}$$

La figure 4.2 représente la chaîne de notre modèle pour un système MGDM (3×3) avec une différence de puissances et de longueurs d'ondes.

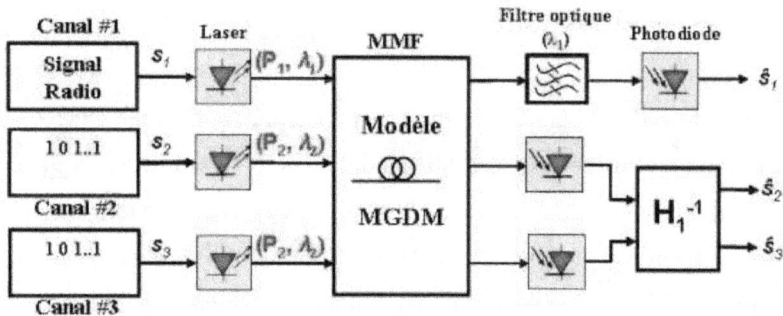

FIGURE 4.2 – Modèle MGDM (3×3) modifié –

Le modèle analytique qui présente la relation entre les signaux émis et les signaux reçus s'écrit comme :

119

$$\underbrace{\begin{bmatrix} y_1 \\ y_2 \\ y_3 \end{bmatrix}}_{y} = \underbrace{\begin{bmatrix} h_{12} & h_{13} \\ h_{22} & h_{23} \\ h_{32} & h_{33} \end{bmatrix}}_{H_1} \cdot \underbrace{\begin{bmatrix} s_2 \\ s_3 \end{bmatrix}}_{s'} + \underbrace{\begin{bmatrix} h_{11} \\ h_{21} \\ h_{31} \end{bmatrix}}_{H_2} \cdot \underbrace{s_1}_{s''} + \underbrace{\begin{bmatrix} b_1 \\ b_2 \\ b_3 \end{bmatrix}}_{b} \qquad (4.3)$$

A la réception, le signal radio y_1 est donné par :

$$y_1 = \underbrace{h_{12} \cdot s_2 + h_{13} \cdot s_3}_{Signaux\ en\ bande\ de\ base} + \underbrace{h_{11} \cdot s_1}_{Signal\ radio} + \underbrace{b_1}_{bruit\ additif} \qquad (4.4)$$

Le signal reçu en bande de base y_2 s'écrit comme :

$$y_2 = \underbrace{h_{22} \cdot s_2 + h_{23} \cdot s_3}_{Signaux\ en\ bande\ de\ base} + \underbrace{h_{21} \cdot s_1}_{Signal\ radio} + \underbrace{b_2}_{bruit\ additif} \qquad (4.5)$$

Le signal reçu en bande de base y_3 est donné par :

$$y_3 = \underbrace{h_{32} \cdot s_2 + h_{33} \cdot s_3}_{Signaux\ en\ bande\ de\ base} + \underbrace{h_{31} \cdot s_1}_{Signal\ radio} + \underbrace{b_3}_{bruit\ additif} \qquad (4.6)$$

Pour une fibre GI-MMF (50/125µm), s_1 est le signal envoyé sur l'émetteur du canal fondamental (w=3µm, F=0µm, λ=1550nm, θ=0°), s_2 est envoyé avec les conditions d'émission (w=4µm, F=17µm, λ=850nm, θ=3.6442°) et s_3 le signal envoyé avec l'émetteur périphérique avec les conditions d'émission (w=4µm, F=27µm λ=850nm, θ=5.818°).

Pour le cas d'une fibre GI-MMF (62,5/125µm), s_1 est le signal envoyé sur l'émetteur du canal fondamental (w=3µm, F=0µm, λ=1550nm, θ=0°), s_2 est envoyé avec les conditions d'émission (w=5µm, F=17µm, λ=850nm, θ=2.9126°) et s_3 le signal envoyé avec l'émetteur périphérique avec les conditions d'émission (w=4µm, F=27µm, λ=850nm, θ=4.638°).

Pour récupérer les flux de données à la réception $\hat{s}_i$ (i=2,3), il faut séparer la somme des signaux en bande de base et éliminer le chevauchement du signal radio avant la séparation des signaux en bande de base entre eux par un traitement de signal. Dans ce but, nous supposons que le signal radio forme un bruit additif agissant sur les récepteurs associés aux signaux reçu y_i (i=2,3). Ce bruit, doit être le plus petit possible par rapport à la somme des signaux en bande de base. Par le même principe, à fin de récupérer le signal reçu $\hat{s}_1$, il faut séparer le signal radio de la somme des signaux en bande de base en supposant que ces deux derniers signaux forment un bruit additif agissant sur le récepteur associé au signal reçu y_1. Ce bruit, doit être pris aussi le plus petit possible par rapport au signal radio.

Pour étudier les performances des signaux dans notre modèle, nous allons le simuler avec Matlab. On prendra l'exemple d'un signal radio modulé en M-QAM (Multi - Quadrature amplitude modulation) avec M=16. Les modulations QAM sont les modulations par saut d'amplitude ou de phase ou d'amplitude et de phase combinées, M étant le nombre d'états de modulation.

Dans une modulation M-QAM, on associe à chaque symbole émis d_k, une amplitude a_k et une phase θ_k. Pour le symbole d_k, transmis dans l'intervalle [k.T$_s$; (k+1).T$_s$], on émet le signal $s_k(t)$ de duré T$_s$ ayant l'expression suivante :

$$s_k(t) = a_k. \cos(2.\pi. f_c. t + \theta_k) . s(t - k.T_s) \qquad (4.7)$$

où s(t) est un filtre de mise en forme qui permet de limiter l'occupation spectrale. Le signal modulé à M niveaux d'amplitude et de phase, s'écrit :

$$x(t) = \sum_{k=-\infty}^{+\infty} a_k. \cos(2.\pi. f_c. t + \theta_k) . s(t - k.T_s) \qquad (4.8)$$

Notons que le signal radio est à une fréquence porteuse f_p = 2,5GHz/s et que les signaux en bande de base ont un débit binaire D = 2,5Gb/s. La chaîne est simulée

121

avec l'utilisation de la fibre GI-MMF (50/125µm), à une distance de 1km. La puissance moyenne P_2 est simulé pour les cas -14dBm, -17dBm et -19dBm. La figure 4.3 présente la variation de TEB en fonction du facteur α pour le signal envoyé sur le canal d'extrémité.

Cette figure montre une amélioration remarquable de la performance lorsque le facteur α augmente. Néanmoins, pour les puissances faibles (-17 ou -19 dBm) la performance est dégradée même pour α = 10.

Maintenant et à fin de comparer la performance des deux canaux d'extrémité, on va calculer le TEB de chacun en fonction de la puissance moyenne à l'émission P_2. La figure 4.4 présente cette comparaison du TEB en fonction de la puissance moyenne à l'émission des signaux en bande de base, en prenant un facteur de puissance moyenne α = 5.

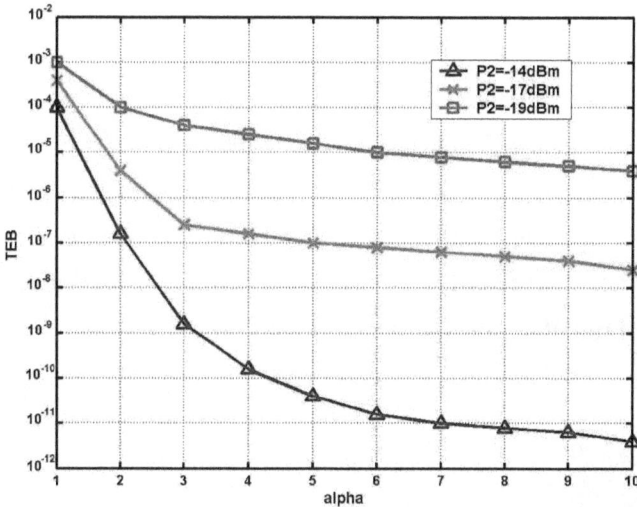

FIGURE 4.3 – TEB en fonction du facteur α pour plusieurs puissances d'émission P_2 –

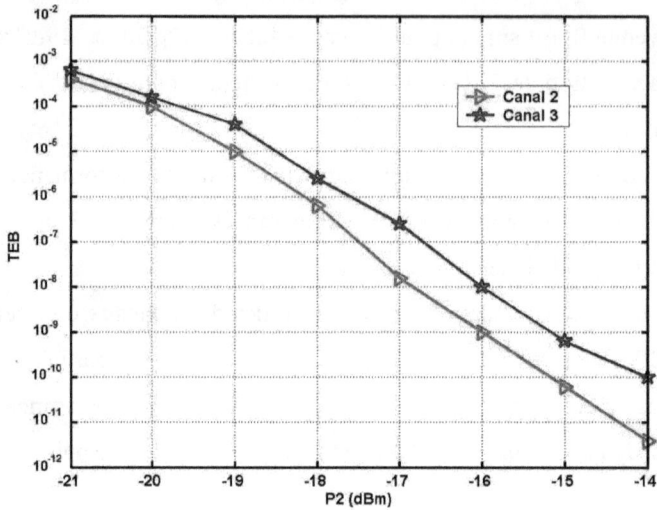

FIGURE 4.4 – Comparaison du TEB pour les 2 canaux d'extrémité –

La différence du TEB pour les deux canaux montre que l'émetteur associé au canal 2 est légèrement plus performant que le canal 3.

Jusqu'à présent, nous avons montré les performances de signaux en bande de base dans notre modèle, qui varient en fonction de la puissance optique moyenne associé à l'émetteur du signal radio. Nous allons présenter alors la performance du signal radio dans notre modèle. La figure 4.5 présente la variation du taux d'erreur par symbole SER (Symbol Error Rate) du signal radio en fonction du facteur α pour différents valeurs de la puissance moyenne à l'émission P_2.

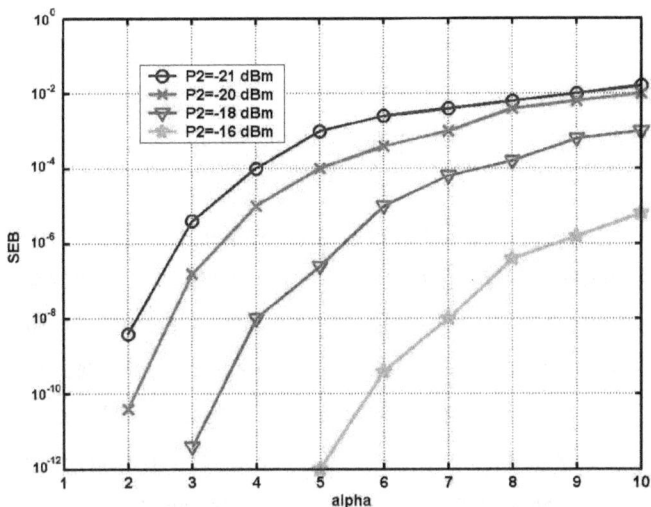

FIGURE 4.5 – SER en fonction du facteur α pour plusieurs puissances d'entrée P$_2$ –

On remarque dans cette figure que de meilleures performances sont obtenues pour le signal radio pour un faible facteur de puissance α même pour des faibles puissances. Pour une faible puissance d'entrée (P$_2$ =-21 dBm), les performances se dégradent pour de grandes valeurs' de α. Pour une puissance P$_2$ = -16 dBm, une meilleure performance même pour de faibles valeurs de α est observée.

La transmission du signal radio et des signaux en bande de base est alors garantie par l'utilisation de la technique MGDM (3×3) par différence de puissances d'émission et de longueurs d'ondes. Pour un débit D = 2.5 Gb/s, le signal en bande de base possède un TEB ≤ 10^{-8} avec une puissance d'émission P$_2$ = -16 dBm, en présence d'un signal radio avec une fréquence porteuse fp = 2.5 GHz envoyé à une puissance P$_1$ égale à 1/5 de P$_2$ (α = 5) et qui possède un SER = 10^{-12}. Avec ce modèle la réception du signal radio est garantie quelque soit le débit des signaux en bande de base envoyés sur les émetteurs d'extrémité.

9 Conclusion

Dans ce chapitre nous avons présenté les avantages de la technologie RoF, ses principales limites et son domaine d'application. Par la suite, nous avons étudié les principaux types d'architecture de transport des systèmes radio-sur-fibre. Nous avons étudié aussi les différentes techniques de multiplexages utilisés et nous avons essayé d'adapter la technique MGDM pour pouvoir transmettre le signal radio en plus des signaux en bande de base. Un modèle MGDM basé sur le lancement des services avec une différence de puissances optiques et longueurs d'ondes à l'émission est alors proposé. On a démontré par simulation la possibilité d'adaptation du signal radio avec des signaux en bande de base. Les performances des signaux en bande de base ainsi que le signal radio sont aussi dégagé en fonction des conditions d'émission.

Conclusion Générale et Perspectives

Dans ce manuscrit nous avons montré que la fibre multimode, avec sa bande passante énorme, présente l'un des meilleurs supports de transmission capable d'offrir un système multiservices à hauts débits dans les réseaux d'entreprises et "in-door". Nous avons montré aussi que cette fibre peut être vue comme un canal à trajet multiples qui présente des meilleures performances par l'exploitation de la dimension spatiale grâce à une technique de multiplexage.

Ainsi, nous avons étudié les différentes techniques de multiplexage utilisées dans les réseaux LAN. Le choix de la meilleure technique pour ce type de réseaux est lié au rapport efficacité/prix. Afin de trouver une meilleure solution de multiplexage adaptable avec la fibre MMF, nous nous sommes concentrés dans notre étude sur le système O-MIMO. Nous avons montré que la technique O-MIMO est la meilleure candidate pour créer un système multi-services par fibre MMF, avec sa simplicité, son efficacité et son faible coût de réalisation. Nous avons présenté le scénario de la technique de multiplexage spatial MGDM pour réaliser un système O-MIMO. Nous avons montré que la MGDM exploite au maximum la bande passante de la fibre par une excitation focalisée et augmente la capacité de la MMF au moyen d'injections et de réceptions spatiales de lumière.

Nous avons présenté un modèle analytique pour le système MGDM en prenant en compte les conditions d'émission et de réception. Nous avons étudié le principe de fonctionnement de cette technique de multiplexage se basant sur la résolution des équations de propagation d'ondes dans la fibre MMF. Nous avons proposé ainsi un algorithme de calcul de la matrice du transfert et de la capacité du canal MGDM. Ensuite, nous avons présenté les meilleures conditions d'émission à savoir l'offset, le spot size, l'inclinaison et la longueur d'onde des sources lasers ainsi les rayons des surfaces des détecteurs dans le but d'améliorer la capacité de la fibre.

Nous avons amélioré en plus l'architecture du système MGDM classique en utilisant des composons de précodage et de décodage. Cette procédure nous a amenée à la phase de la diagonalisation du canal ce qui a augmenté la stabilité et la simplicité du système. Nous avons décrit alors les différentes étapes de diagonalisation.

En partant de l'hypothèse où le système est diagonal, nous avons décrit des différents types de précodeurs inspirés du domaine radio et qu'on peut l'adapter pour une transmission par fibre optique multimode. Nous avons présenté aussi quelques récepteurs pour la phase d'estimation des symboles. Nous avons montré que le récepteur ZF est le récepteur le plus simple mais il est sensible au bruit. Le récepteur EQMM présente l'inconvénient qu'il n'enlève pas toute l'IES. La complexité du récepteur MV augmente avec le nombre d'utilisateurs. Le récepteur V-BLAST présente le meilleur choix d'un point de vue temps de calcul et efficacité.

Nous avons étudié par la suite les effets qui perturbent la propagation et dégradent la performance de transmission par MMF tel que le bruit et l'effet de courbure. Ces effets mécaniques agissant sur la fibre ont été modélisés analytiquement.

Comme étant un système très utile dans la pratique, le cas d'un lien MGDM (3×3) a été traité. Nous avons calculé les paramètres optimaux des conditions d'émission et de réception pour ce type de système. Nous avons montré que la capacité du MMF a été augmentée par ces conditions comparée à tous les autres systèmes présentés récemment dans la littérature. Ensuite, nous avons proposé un modèle de multiplexage utilisant les paramètres d'injections et de réception trouvés. Nous avons présenté aussi les résultats des étapes de diagonalisations. Nous avons montré que la matrice du transfert du système devient simple et une réduction de dimension a été présenté ce qui va diminuer la complexité des algorithmes de détection. Nous avons effectué aussi le calcul des paramètres des différents systèmes de précodage étudiés. Nous avons comparé les performances de chacun d'entre eux. On a vu que le précodage EQMM est meilleur en ce qui concerne le gain en capacité de la fibre. Le précodage WF et EQMM présente un bon rapport SNR tandis que le Qds et le EE sont sensible au nombre des émetteurs actifs. En plus, l'influence de la longueur de la fibre, du débit binaire, du nombre d'utilisateur ainsi que le choix du canal de propagation ont été analysé par des simulations Matlab.

Nous avons présenté aussi les avantages de la technologie RoF, ses principales limites et son domaine d'application. Nous avons étudié les principaux types d'architecture de transport et les différents techniques de multiplexages utilisés pour les systèmes radio-sur-fibre. Nous avons démontré, par simulation, la possibilité d'adapter la technique MGDM pour pouvoir transmettre le signal radio en plus des signaux en bande de base. De plus, nous avons présenté un modèle mixte avec les meilleures conditions d'émission.

Cette étude montre alors un potentiel réel d'efficacité et sa réalisation réelle peut présenter des perspectives pour d'autres travaux de recherches. Le choix des composants à bas coûts et efficaces pour la partie émission et réception avec les résultats trouvés présenteront alors les principaux buts de ces recherches.

Vu l'augmentation accrue des systèmes de communication et des techniques de multiplexage mixtes, un système MGDM-CDMA optique peut présenter aussi un sujet très intéressant pour les futurs thésards.

Bibliographie

[1] Michael Sauer, Andrey Kobyakov, Lenwood Fields, Frank Annunziata, Jason Hurley, Jacob George, "Experimental investigation of multimode fiber bandwidth requirements for 5.2 GHz WLAN signal transmission", Optical Fiber Communication Conference IEEE, 2006.

[2] Mestdagh, D. J. G., "Multiple Access Techniques for Fiber-Optic Networks", Optical Fiber Technology, 1996, 2, pp. 7-54.

[3] M. Heinzl, "Broadband carriers are hunting for Killer Apps", The Wall Street Journal, 14 June 2001.

[4] J. G. Shinal A. Reinhart, "The world's most glamorous cottage industry", Business Week, Oct 9, 2000.

[5] A. Oliviero, "Optical Fiber for Data Center and Storage Applications," www.bicsi.org/Content/Files/PDF/link2006/Oliviero.pdf.

[6] A. Flatman, "10 Gigabit Ethernet over Legacy Multimode Fiber", www.baileyteswaine.co.uk/solutions/whitepapers/4.pdf.

[7] Robert Olshansky and Donald B. Keck, "Pulse broadening in graded-index optical fibers", APPLIED OPTICS / Vol. 15, No. 2 / February 1976.

[8] G. Yabre, "Comprehensive theory of dispersion in graded-index optical fibers", J. Lightwave Technol., vol. 18, pp. 166-177, Feb. 2000.

[9] Gorachand Ghosh, Michiyuki Endo, Takashi Iwasalu, "Temperature-Dependent Sellmeier Coefficients and Chromatic Dispersions for Some Optical Fiber Glasses", J. Lightwave Technol, VOL. 12, NO. 8, AUGUST 1994.

[10] Jerzy SIUZDAK, Grzegorz STEPNIAK, "Influence of modal filtering on the bandwidth of multimode optical fibers", Optica Applicata (Vol.37), No.1-2, pp. 31-39, 2007.

[11] Robert Olshansky and D. A. Nolan, "Mode-dependent attenuation of optical fibers: excess loss", APPLIED OPTICS / Vol. 15, No. 4, April 1976.

[12] I. Gasulla and J. Capmany, "Transfer function of multimode fiber links using an electric field propagation model:Application to Radio over Fibre Systems", Vol. 14, No. 20 / OPTICS EXPRESS,Optical Society of America, 2006.

[13] Chen, L. R., Benjamin, S. D., Smith, P. W. E, Sipe, J. E., "Ultrashort Pulse reflection from Fiber Gratings: A Numerical Investigation", Journal of Lightwave Technology, August 1997, vol. 15, no. 8, pp. 1503-1512.

[14] 15. Delorme, F., "Widely Tunable1.55-μm Lasers for Wavelength-Division-Multiplexed Optical Fiber Communications", IEEE Journal of Quantum Electronics, September 1998, vol. 14, no. 9, pp. 1706-1716.

[15] Chung, F. R., Salehi, J. A., Wei, V. K., "Optical Orthogonal Codes: Design, Analysis and Applications", IEEE Transactions on Information Theory, May 1989, vol. 35, no. 3, pp. 595- 604.

[16] S.Pan and S.Durrani and M E. Bialkowski, "MIMO Capacity for Spatial Channel Model Scenarios,"AusCTW'07,2007 IEEE pp 25-29.

[17] C. P. Tsekrekos and A. M. J. Koonen, "Mode-selective spatial filtering for increased robustness in a mode group diversity multiplexing link," OSA Opt. Lett., vol. 32, pp. 1041-1043, May 2007.

[18] Y. Yadin and M. Orenstein, "Parallel Optical Interconnects Over Multimode Waveguides," IEEE/OSA J. Lightwave Technol., vol. 24, pp. 380{386, Jan. 2006.

[19] Akhil R. Shah, et al, "Coherent Optical MIMO (COMIMO)", JOURNAL OF LIGHTWAVE TECHNOLOGY, Vol. 23, No. 8, 2005.

[20] A. Tarighat, et al, "Fundamentals and Challenges of Optical Multiple-Input Multiple-Output Multimode Fiber Links", IEEE COMMUNICATIONS MAGAZINE, Vol. 45, No.5, pp. 57–63,2007.

[21] H. R. Stuart, "Dispersive multiplexing in multimode optical fiber," Science, Vol. 289, No. 5477, pp. 281–283, 2000.

[22] G. Yabre, "Comprehensive Theory of Dispersion in Graded-Index Optical Fibers," Journal of Light Techn, Vol. 12, N° 2, pp. 166–176, 2000.

[23] Kuchta, D.M, et al, "120-Gb/s VCSEL-based parallel-optical interconnect and custom 120-Gb/s testing station", Journal of Lightwave Technology, Vol. 22, No. 9, pp. 2200 – 2212, 2004.

[24] T. Koonen, H. P. A. van den Boom, I. T. Monroy, and G.-D. Khoe, "High Capacity Multi-service In-house Networks Using Mode Group Diversity Multiplexing", in Proc. Optical Fiber Communication Conference, vol. 2, paper FG4, Los Angeles, CA, USA, 2004.

[25] T. Koonen, H. van den Boom, F. Willems, J. Bergmans, and G.-D. Khoe,"Broadband multi-service in-house networks using mode group diversity multiplexing", in Proc. International Plastic Optical Fibers Conference, Tokyo, Japan, 2002.

[26] M. Awad, I. Dayoub, W. Hamouda, and J.-M. Rouvaen, "Adaptation of the Mode Group Diversity Multiplexing Technique for Radio Signal Transmission Over Multimode Fiber", J. OPT. COMMUN. NETW, VOL. 2, NO. 12, 2010.

[27] Akhil R. Shah, et al, "Coherent Optical MIMO (COMIMO)", JOURNAL OF LIGHTWAVE TECHNOLOGY, Vol. 23, No. 8, 2005.

[28] I. Telatar, "Capacity Of Multi-Antenna Gaussian Channels", European Transactions on Telecommunications, 10(6) :585595, December 1999.

[29] L. Raddatz, I. H. White, D. G. Cunningham, and M. C. Nowell, "An experimental and theoretical study of the offset launch technique for the enhancement of the bandwidth of multimode fibre links," J. Lightwave Technol., vol. 16, no. 3, pp. 324–331, 1998.

[30] M. Calzavara, R. Caponi, F. Cisternino, "Selective Excitation of Annular Zones in Graded Index Multimode Fiber", J. Opt. Commun., vol. 5, pp. 82-86, July 1984.

[31] P. Hillion, "Electromagnetic Pulse propagation in Dispersive Media", Progress in Electromagnetics Research, PIER, Vol. 35, pp. 299-314, 2002.

[32] P. Rostaing, O. Berder, G. Burel, and L. Collin, .Minimum BER diagonal precoder for MIMO digital transmissions,. Signal Processing, vol. 82, no. 10, 2002.

[33] H. Sampath, P. Stoica, and A. Paulraj, "Generalized linear precoder and decoder design for MIMO channels using the weighted MMSE criterion," *IEEE Transactions on Communications*, vol. 49, no. 12, pp. 2198.2206, December 2001.

[34] O. Berder, « Optimisation et stratégies d'allocation de puissance des systèmes de transmission multiantennes » PhD thesis in electrical engineering, Université de Bretagne Occidentale, 2002.

[35] L. Collin, « Optimisation de systèmes multi-antennes basée sur la distance minimale » PhD thesis in electrical engineering, Université de Bretagne Occidentale, 2002.

[36] H. Sampath, P. Stoica, and A. Paulraj, .Generalized linear precoder and decoder design for MIMO channels using the weighted MMSE criterion,. IEEE Transactions on Communications, vol. 49, no. 12, pp. 2198.2206, December 2001.

[37] M. Wennström, M. Helin, A. Rydberg, and T. Öberg, "On the optimality and performance of transmit and receive space diversity in MIMO channels." London, England: in Proceedings of the IEE Technical Seminar on MIMO Communication Systems : From Concept to Implementation, December 12 2001.

[38] P. A. Dighe, R. K. Mallik, and S. S. Jamuar, « Analysis of transmit-receive diversity in Rayleigh fading, » *IEEE Transactions on Communications*, vol. 51, no. 4, pp. 694.703, April 2003.

[39] M. Kang and M.-S. Alouini, « Largest eigenvalue of complex Wishart matrices and performance analysis of MIMO MRC systems, » *IEEE Journal on Selected Areas in Communications*, vol. 21, no. 3, pp. 418.426, April 2003.

[40] T. L. Marzetta, "BLAST training : Estimating channel characteristics for high capacity space-time wireless". Monticello, IL, USA: in Proceedings of the Annual Allerton Conf. Communication, Control and Computing (ACCCC), 1999.

[41] A. Grant, "Joint decoding and channel estimation for space-time codes," vol. 1 Boston, Massachusetts, USA: in Proceedings of the IEEE Vehicular Technologie Conference, September 2000, pp. 416.420.

[42] A. L. Swindlehurst, "Simultaneous channel estimation and decoding for diagonal space-time codes", Boston, MA, USA: in Proceedings of the IEEE Workshop on Sensor Array and Multichannel Signal Processing (SAMSP), March 2000.

[43] M. O. Damen, A. Chkeif, and J. C. Bel_ore, "Lattice code decoder for fading channels," IEEE Transactions on Information Theory, vol. 5, no. 4, pp. 166.169, May 2000.

[44] J. Gowar, Optical Communication Systems. Prentice Hall, London, 2nd ed., 1993.

[45] G. P. Agrawal, Fiber-Optic Communication Systems. John Wiley and Sons, Inc., New York, 3rd ed., 2002.

[46] E. L. Chinnock et al, "The length dependence of pulse spreading in the CGW-Bell-10 optical fiber," Proc. IEEE (Lett.), Vol. 61, No. 10, pp.1499-1500, 1973.

[47] J. Nathan Kutz, J. A. Cox, and D. Smith "Mode Mixing and Power Diffusion in Multimode Optical Fibers", J LT, Vol. 16, No. 7, pp. 1195-1202, 1998.

[48] M.-Y. Loke and J.N. McMullin, "Simulation and Measurement of Radiation Loss at Multimode Fiber Macrobends", JLT, Vol. 8, No. 8, pp. 1250-1256, 1990.

[49] G. Yabre "Comprehensive Theory of Dispersion in Graded-Index Optical Fibers" JLT, Vol. 18, No. 2, pp.166-177, 2000.

[50] I. S. Gradshteyn and I. M. Ryzhik, "Table of Integrals Series and Products", 4th ed. New York: Academic, pp. 838, 1965.

[51] C. P. Tsekrekos, A. Martinez, F. M. Huijskens, A. M. J. Koonen, "Mode group diversity multiplexing transceiver design for graded-index multimode fibres," in 31st European Conf. on Optical Communication, 2005, vol. 3, pp. 727–728.

[52] M. Awad, I. Dayoub, A. Okassa-M'foubat, and J.-M. Rouvaen, "The inter-modes mixing effects in mode group diversity multiplexing," J. Opt. Commun., vol. 282, no. 19, pp. 3908–3917, 2009.

[53] M. Awad, I. Dayoub, W. Hamouda, and J.-M. Rouvaen," Adaptation of the Mode Group Diversity Multiplexing Technique for Radio Signal Transmission Over Multimode Fiber", Vol. 2, No. 12/Decembre 2010/ J. opt. Commu. Netw.

[54] I. Dayoub, A. Zaouche, J.-M. Rouvaen, C. Lethien, J.-P. Vilcot, and D. Decoster, "Radio-optic demonstrator for distributed antenna system indoor wireless applications using low-cost VCSELs," Eur. Trans. Telecommun., vol. 18, no. 7, pp. 811–814, 2007.

[55] L. B. Aronson, B. E. Lemoff, L. A. Buckman, and D. W. Dolfi,"Low-cost multimode WDM for local area networks up to 10 Gb/s," IEEE Photon. Technol. Lett., vol. 10, pp. 1489–1491,1998.

[56] X. J. Gu, M. Waleed, and P. W. Smith, "Demonstration of all fiber WDM for multimode fiber local area networks," IEEE Photon. Technol. Lett., vol. 18, no. 1, pp. 244–246, 2006.

[57] B. K. Kim, S. Park, Y. Yeon, and B. W. Kim, "Radio-over-fiber system using fiber-grating-based optical CDMA with modified PN codes," IEEE Photon. Technol. Lett., vol. 15, no. 10, pp. 1485–1487, 2003.

[58] A. Stohr, K. Kitayama, and D. Jager, "Full-duplex fiber-optic RF subscarrier transmission using a dual-function modulator/photodetector," IEEE Trans. Microwave Theory Tech., vol. 47, no. 7, pp. 1338–1341, 1999.

[59] T. Koonen, H. van den Boom, I. T. Monroy, and G.-D. Khoe, "High capacity multi-service in-house networks using mode group diversity multiplexing," in Optical Fiber Communication Conf., Los Angeles, 2004, pp. 22–27.

[60] A. M. J. Koonen, H. P. A. van den Boom, A. Ng'oma, M. Garcia Larrode, J. Zeng, and G.-D. Khoe, "POF application in home systems and local systems," in Conf. on Polymer Optical Fibre, Hong Kong, 2005, vol. 1, pp. 165–168.

[61] C. P. Tsekrekos, A. Martinez, F. M. Huijskens, A. M. J. Koonen, "Mode group diversity multiplexing transceiver design for graded-index multimode fibres," in 31st European Conf. on Optical Communication, 2005, vol. 3, pp. 727–728.

[62] M. Awad, I. Dayoub, A. Okassa-M'foubat, and J.-M. Rouvaen, "The inter-modes mixing effects in mode group diversity multiplexing," J. Opt. Commun., vol. 282, no. 19, pp. 3908–3917, 2009.

[63] M. Awad, I. Dayoub, A. Okassa, J.-M. Rouvaen, and J.-P. Vilcot, "Radio on optical fiber and multi-sevices in single-MMF LAN using mode group diversity multiplexing," in 3rd Int. Conf. on Information and Communication Technologies, 2008.

[64] D. Wake, "Trends and prospects for radio over fibre picocells," MWP, 2002.

[65] D.Wake, "Radio over Fiber Systems for Mobile Applications," in Radio over Fiber Technologies for Mobile Communications Networks, Artech House, Inc, USA, 2002.

[66] Kojima F., and Fujise M., "Multimedia Lane and Station Structure for Road-to-Vehicle Communication System using RoF Techniques," 11th IEEE International Symposium on Personal, Indoor and Mobile Radio Communications (PIMRC), Vol. 2, pp 969–973, 2000.

[67] S. Kodama, T. Ito, N. Watanabe, S. Kondo, H. Takeuchi, H. Ito, T. Ishibashi, "200 Gbit/s monolithic photodiode-electroabsorption modulator (PD-EAM) optical gate," DRC 2001, pp. 151-152.

[68] KI Kitayana, RA Griffin, "Optical downconversion from millimeter-wave to IF-band over 50 km-long optical fiber link using an electroabsorption modulator", Photonics Technology Letters, Vol. 11 , Iss. 2, pp 287 – 289, 1999.

[69] Vegas Olmos, J.J.," 60-GHz-Band 155-Mb/s and 1.5-Gb/s Baseband Time-Slotted Full-Duplex Radio-Over-Fiber Access Network", Photonics Technology Letters, Vol. 20 , Iss. 8, pp 617 – 619, 2008.

[70] R. W. Heath Jr., S. Sandhu, and A. J. Paulraj, "Antenna selection for spatial multiplexing systems with linear receivers," IEEE Commun. Lett., vol. 5, no. 4, pp. 142–144, 2001.

[71] Ton Koonen, Anthony Ng'oma, Peter Smulders, Henrie van den Boom, Idelfonso Tafur Monroy, Giok-Djan Khoe, "In-house networks using Polymer Optical Fibre for broadband wireless applications", Proc. of ISSLS 2002, Seoul, April 14-18, 2002, pp. 285-294.

[72] Jing Li, Tigang Ning, Li Pei, Chunhui Qi, "Millimeter-wave radio-over-fiber system based on two-step heterodyne technique", Optics Letters, Vol. 34, Issue 20, pp. 3136-3138, 2009.

[73] Tyler et al, "A complete 5 Gb/s throughput quadrature subcarrier system featuring zero-latency carrier and data synchronization", Optical Fiber Communication Conference and Exhibit-OFC , pp. 144- 145, 2002.

[74] A. Stohr, K. Kitayama, and D. Jager, "Full-Duplex Fiber-Optic RF Subscarrier Transmission Using a Dual-Function Modulator/Photodetector", IEEE Trans. On Microwave Theory and Techniques,Vol. 47, No 7, pp. 1338 - 1341, 1999.

[75] I. Dayoub, A. Zaouche, J.-M. Rouvaen, C. Lethien, J.-P. Vilcot, and D. Decoster, "Radio-optic demonstrator for distributed antenna system indoor wireless applications using low-cost VCSELs," Eur. Trans. Telecommun., vol. 18, no. 7, pp. 811–814, 2007.

[76] R. W. Heath Jr., S. Sandhu, and A. J. Paulraj, "Antenna selection for spatial multiplexing systems with linear receivers," IEEE Commun. Lett., vol. 5, no. 4, pp. 142–144, 2001.

[77] Mazen Awad, Iyad Dayoub, Walaa Hamouda, Jean Michel Rouvaen, "Adaptation of the Mode Group Diversity-Multiplexing Technique for Radio

Signal Transmission over MMF, IEEE/OSA Journal of Optical Communications and Networking, vol. 3, no. 1, 2011, pp. 1-9.

[78] A. Kaszubowska, al, "Characterization of wavelength interleaving in radio-over-fiber systems employing WDM/SCM "Optics Communications, Vol. 260, No. 1, pp. 144–149, April 2006.

[79] M. Strasser, P. J.Winzer, and A. Napoli, "Noise and Intersymbol-Interference Properties of OTDM and ETDM Receivers,"IEEE Photonics Technology Letters, Vol. 16, No. 1, pp. 248, 2004.

Glossaire

Abréviation	Signification
AMRC	Accès Multiple par Répartition de Code
B-ISDN	Broadband - Integrated Services Digital Network
BSs	Base Stations
CDMA	Code Division Multiple Access
CS	Central Station ou headend
CSI	Channel State Information
DR	Dynamic Range
DVS	Décomposition en Valeur Singulière
DWDMA	Dense Wavelength Division Multiple Access
EAM	Electro Absorption Modulator
EE	Erreur Egale
EQMM	Erreur Quadratique Moyenne Minimale
FDDI	Fibre Distributed Data Interface
FDMA	Frequency Division Multiple Access
FI	Fréquences Intermédiaires
GI-MMF	Graded Index MultiMode Fiber
GM	Groupe de Modes
GSM	Global System for Mobile communication
IAM	Interférence d'Accès Multiple
IF	Intermediate Frequency
IM-DD	Intensity Modulation Direct Detection
ISM	Industrial, Scientific and Medical band
LAN	Local Area Network
MAN	Metropolitan Area Network

Max-SNR	Maximum- Signal to Noise Ratio
MBS	Mobile Broadband Services
MGDM	Mode Group Diversity Multiplexing
MIMO	Multiple Input Multiple Output
MMF	MultiMode Fiber
MMSE	Minimum Mean Square Error
MPD	Mode Power Distribution
M-QAM	Multi - Quadrature Amplitude Modulation
MV	Maximum de Vraisemblance
MZM	Mach Zehnder Modulator
OADM	Optical Add-Drop Multiplexer
OCDMA	Optical Code Division Multiple Access
OFLL	Optical Frequency-Locked Loop
OIL	Optical Injection Locking
OIPLL	Injection Optical Phase-Locked Loop
OPLL	Optical Phase-Locked Loop
O-MIMO	Optical - Multiple Input Multiple Output
PDM	Polarization Division Multiplexing
QdS	Qualité de Service
QoS	Quality of Service
RAUs	Remote Antenna Units
RF	Radio Frequency
RHD	Heterodyne Detection
RIN	Relative Intensity Noise
RoF	Radio over Fiber
RSB	Rapport Signal sur Bruit
SAN	Storage Area Network
SCM	Sub Carrier Multiplexing
SER	Symbol Error Rate

SISO	Single Input Single Output
SMF	Single Mode Fiber
SNR	Signal to Noise Ratio
SVD	Singular Value Decomposition
TDMA	Time Division Multiple Access
UMTS	Universal Mobile Telecommunications System
V-BLAST	Vertical - Bell Laboratories Layered Space Time
VCSEL	Vertical Cavity Surface Emitting Laser
WDM	Wavelength Division Multiplexing
WDMA	Wavelength Division Multiple Access
WF	Water Filling
ZF	Zero Forcing

www.ingramcontent.com/pod-product-compliance
Lightning Source LLC
Chambersburg PA
CBHW021100210326
41598CB00016B/1268